KB035152

알수록 돈이 되는

부동산
절세 전략

취득세, 보유세, 양도소득세, 증여세, 상속세까지

알수록 돈이 되는
부동산
절세 전략

박명균 지음

 경이로움

이제껏 당신이 알고 있던
부동산 세금은 틀렸다

잘 될 것이라 믿고 있었던 일이 기대와 달리 어긋나거나 믿었던 사람이 배신해 손해를 입는 상황이 발생했을 때 우리는 '믿는 도끼에 발등 찍혔다'라고 합니다. 부동산에 있어서 세금은 '믿는 도끼'로 여겨질 때가 많습니다. '세금이 나오면 얼마나 나온다고'라고 생각하며 가볍게 넘겼거나, 자신과 상관없는 일로 굳게 믿었는데 어느 날 갑자기 눈덩이처럼 커진 세금이 제 발등을 찍는 일이 생각보다 흔하기 때문입니다.

국세청에서 10년간 근무하며 예상치 못한 세금 폭탄을 맞아서 억울하다며 항의하는 민원인을 숱하게 만났습니다. 재산세, 양도소득세, 상속세, 증여세 등 세목도 다양합니다. 부동산 세법은 수시로 바뀌는데 개정된 부동산 세법을 몰랐다거나, 옳지 않은 세금 정보를 별 의심없이 믿어서 벌어진 안타까운 사례가 대부분입니다. '주변에서는 다 이렇게 하는데, 왜 나만?'이라고 억울함을 호소해도 이미 부과된 세금의 무게는 가벼워지지 않습니다. 세금을 아끼고 싶은 욕심에 '탈세'를 '절세' 방법으로 오해하고 불법을 저질러 세무조사까지 받는 등 더 큰 피해를 입는 일도 심심치 않게 일어납니다. 세금 내는 게 아깝다는 생각에 사로잡혀 탈세의 유혹을 뿌리치지 못한 결과입니다.

흔히 알려진 오해 중 하나가 '가난하면 세금을 모르고 살아도 된다'라는 생각입니다만, 절대 그렇지 않습니다. 부자와 빈자를 구분하는 기준은 다양합니다. 보유 재산일 수도 있고 매월 버는 소득일 수도 있겠지요. 세무사로서 제 개인적으로 부자와 빈자를 나누는 기준이 하나 있습니다. 바로 '세금을 보는 관점'입니다.

국세청에 몸담은 시절부터 개업 세무사로 활동하는 현재까지 수많은 사람을 만나면서 부자와 가난한 사람 혹은 평범한 사람 사이에 세금에 대한 시각과 인식의 차이가 있다는 것을 분명하게 느낄 수 있었습니다. 부자의 반열에 올라선 분들은 부동산 투자나 사업으로 부를 쌓아오는 과정에서 자연스럽게 세금의 존재를 크게 인식하고 세금이 자산형성에 지대한 영향을 미친다는 사실을 경험적으로 체득합니다. 세법 테두리 안에서의 시의적절한 절세가 곧 수익의 극대화로 이어지는 것을 알기에 정책 변화에 촉각을 곤두세우고 본인과 관련된 세금 정보에 대해 민감하게 반응합니다. 부를 쌓을 때 세금을 높은 우선순위에 두는 편으로, 그들과 이야기를 하면 부와 세금의 연결고리가 탄탄하고 긴밀하게 이어져 있다는 느낌을 받습니다.

반면 부자가 아닌 분들은 상대적으로 다양한 세금을 낼 기회가 없기 때문인지, 자산 규모에 비례해 세금의 비중이 낮기 때문인지, 세금의 중요성을 간과하는 경우가 많습니다. 그래서 간혹 본인이 단순하게 생각하고 한 어떤 행동들이 단초가 되어 나중에 세금 문제로 크게 터지기도 합니다. 예를 들어 지인에게 안 쓰는 계좌 하나를 별생각 없이 빌려주었는데 나중에 차명계좌 범죄에 엮이는 경우, 사업자 명의를 가볍게 여겨 빌려주었는데 지인이 세금을 내지 않아 본인이 체납자가 되어버리는 경우 등 세금을 우습게 보면 치명적인 피해를 떠안는 억울한 상황이 벌어집니다.

지금 당장 소유한 부동산이 없고 부자가 아니더라도, 자본주의 사회에서 돈을 벌고 불려나가기 위해서는 항상 따라다니는 세금을 반드시 알아야 합니다. 그래야 자신이 번 소중한 재산을 잃지 않고 지킬 수 있습니다. 또한 주변 지인들의 말만 믿지 말고 직접 진위여부를 따져보았더라면, 돌다리도 두들겨 본다는 심정으로 여러 세무 전문가에게 문의하는 수고만 더 들였더라면 잘못된 소문에 현혹되지 않고 보다 현명한 선택을 할 수 있을 것입니다.

부동산은 대한민국 정권을 뒤바꿀 만큼 첨예한 갈등을 불러일으킨 뜨거운 감자이며 노후 자산의 80%를 차지할 만큼 가장 선호하는 투자 자산입니다. 최근 부동산 경기가 어렵다고 하지만 여전히 부동산에 대한 국민의 관심은 식을 줄 모릅니다. 이러한 부동산에는 세금이 그림자처럼 따라다닙니다. 살 때, 보유할 때, 팔 때, 심지어 죽어서도 자식들에게 세금을 함께 물려주게 됩니다.

부동산 세금은 다른 세금보다 유난히 관련 정책이 자주 바뀝니다. 그래서 취득 시점에 계산한 양도세가 막상 양도 시점의 세율과 큰 차이를 보이기도 하고, 보유 기간 중에도 재산세나 종합부동산세가 수시로 달라지기도 합니다. 그래서 부동산 투자를 하기 전에 언제 부동산을 살지, 보유하는 동안에는 얼마나 세금이 발생하는지, 팔 때 적용되는 양도세를 비롯해서 지금까지 낸 세금과 이자 비용은 어떠한 지 등을 꼼꼼하게 따져보아야 합니다. 그래야 언제, 얼마에 부동산을 사고팔지 장기적인 전략을 세우고 현명하게 판단을 내릴 수 있습니다. 싼 가격에 산 후 비싸게 팔았다고 생각해도 정작 그동안 낸 세금과 이자 등 각종 비용을 따지면 은행예금 이자율보다 못한 수익률이 나오는 경우도 부지기수입니다.

부동산이 가장 친밀하고 대중적인 투자처이니 부동산 세금에 대한 속설도 다양합니다. '부동산 세금은 중개사에게 물어보면 된다.' '집 한 채 없으면 세금 몰라도 된다'는 식입니다. 오랜 세월 뿌리 깊게 박힌 고정관념도 있습니다. '일찍 증여하면 효도 못 받는다.' '상속은 죽은 후에 자식들이 알아서 처리하면 된다.' 등의 말들이 그렇습니다.

책 『불필요한 생각 버리기 연습』의 저자이자 심리학자인 스즈키 도시아키는 고정관념을 '합리적인 근거가 없거나 잘못된 근거를 바탕으로 단정하고 확신해버리는 마음의 작용'이라고 정의했습니다. 고정관념은 몸의 일부처럼 항상 착용될 수 있기에 자신이 착용하고 있는지조차 느끼지 못하는 안경과 같다는 것입니다. 문제는 당사자가 그 안경을 통해서 세상을 바라볼 때 발생합니다. 색안경을 끼고 세상을 살아간다면 제대로 된 판단을 내릴 수 없는 것은 당연한 이치겠지요.

- 세금 폭탄은 부자들이나 걱정하는 것이다?
- 가족 간에 빌리는 돈은 세금과 관련이 없다?
- 국세청이 얼마까지 넘어가주는 금액이 있다?
- 자식이 부모에게 주는 돈은 증여세를 내지 않아도 된다?
- 국세청에서 내 계좌를 실시간으로 조회한다?
- 1세대 1주택이면 무조건 비과세를 받는다?
- 오피스텔은 주택 수에 포함되지 않는다?
- 증여세, 상속세는 부자 세금이다?
- 죽기 전에 상속할 수 있다?

방금의 것들은 흔하게 널리 퍼져 있는 부동산 세금에 대한 거짓과 오해들입니다. 부동산에 관심이 있는 분이라면 한 번쯤 들어보았을 것입니다. 유튜브 '국세청 경력 세무사 박세론이' 채널을 운영하고, 다양한 경제, 부동산 투자 관련 유튜브 채널에 출연하며 부동산에 관심 있는 분들과 소통할 수 있었습니다. 그 과정에서 상식으로 둔갑한 잘못된 세금 정보와 오해가 만연하다는 불편한 사실을 알게 되었습니다. 세무사인 제 입장에서 보면 터무니없이 말도 안 되는 이야기를 사람들이 진실로 믿는 것에 적지 않게 놀랐었고, 사실로 검증되지 않은 이야기가 퍼진다면 더 큰 피해를 줄 수도 있겠다는 불안감도 들었습니다.

대한민국 납세당국인 국세청에서 근무한 전직 공무원으로서, 또는 현직 세무사로서 일말의 책임감을 느낀 것도 사실입니다. 10년 이상 세금 분야에 몸담은 세금 전문가로서 부동산 투자자들이 빠지기 쉬운 세금에 대한 오해를 바로잡고, 진실처럼 알려져 있어 자칫 손해를 입힐 수 있는 그릇된 정보에 대한 진위를 밝히는 데 기여할 수 있다면 도전해볼 만한 가치가 있지 않을까 생각했습니다.

알고 있는 것이라도 '정말 그럴까?'하고 의심하고 한 번 더 확인하는 태도는 세금에 발등 찍히지 않고 성공적인 부동산 투자에 한 발 더 다가가는 데 도움이 될 것입니다. 이 책이 주변에서 언급하는 낭설에 가까운 부동산 세금에 대한 속설에 빠지지 않고, 스스로 검증하고 공부하면서 보다 현명하게 결정내리고 판단할 수 있는 지혜를 얻는 데 도움이 된다면 더없이 기쁘겠습니다.

세론세무회계
박명균 세무사 드림

차례

1장

진실이라 믿는 '세금 상식'이 당신을 가난에 빠뜨리고 있다

2장

예상하지 못한 손실로 뒤통수를 치는 부동산 취득세와 보유세

3장

'세금 폭탄'과 '절세', 결정적 차이는 양도소득세에서 나온다

4장

'부자 세금'의 탈을 쓴
증여와 상속이 당신의 돈을 노린다

진실이라 믿는 '세금 상식'이 당신을 가난에 빠뜨리고 있다

집 한 채도 없는데
세금을 왜 알아야 하죠?

"상식은 만 18세까지 습득한 편견의 집합이다."

알버트 아인슈타인

부동산은 세금과 아주 밀접하게 관련이 있습니다. 부동산을 살 때는 취득세, 보유할 때는 재산세, 팔 때는 양도소득세(이하 양도세), 물려줄 때는 증여세, 심지어 죽은 후에는 상속세라는 세금이 따라다닙니다. 그럼에도 세금을 전혀 고려하지 않고 부동산에 투자하는 분이 의외로 참 많습니다. 어쩌면 대다수일지도 모르겠습니다. 왜냐하면 부동산은 흔하게 사고파는 재화가 아니기 때문입니다. 전문적인 부동산 투자자나 임대사업가가 아닌 이상 부동산 거래를 내 집 마련할 때 평생에 딱 한 번 하는 사람이 대부분입니다. 그래서 부동산과 세금이 밀접하다는 사실을 모르는 것입니다.

우리가 발 밑에 있는 그림자를 떼어놓을 수 없는 것처럼 부동산 거래에 그림자처럼 반드시 따라붙는 것이 세금입니다. 애초에 부동산 거래를 할 때 부동산과 세금을 한 묶음으로 생각하지 않았으니, 막상 세금이 부과될 때는 예상치 못한 목돈이 빠져나가는 것 같아 손해를 보는 것 같습니다. 힘들게 일해서 모은 돈으로 집을 샀을 뿐인데 만만치 않은 금액이 세금으로 빠져나가니 정부에 돈을 빼앗기는 느낌마저 듭니다.

사람들이 '세금을 뜯긴다'라는 표현을 아무 이유도 없이 사용하는 것이 아닙니다. 무주택자, 1주택자, 다주택자 등 개개인의 보유 자산, 소득수준 등에 따라 적용되는 세율도 천차만별이라 막상 세금을 계산해보면 세부담이 커질 때가 많습니다. 그래도 부동산을 한 번이라도 거래 해본 분들은 다음 부동산 거래 시에는 미리 세무대리인과 상의해서 전략적으로 접근하고자 합니다. 세금에 대해 학습이 된 것입니다.

즉 정말로 세금으로 인해 문제를 겪는 사람은 집을 한 번도 사고 판 경험이 없는 분들입니다. 부동산과 세금이 얼마나 밀접한지 모르는 분들이 주로 상식이라고 여기는 것 중 하나가 '집 한 채 없으면 세금은 몰라도 된다'입니다. 정말 무주택자분들은 세금을 몰라도 되는 걸까요?

상식을
의심해야 하는 이유

상식은 사회의 구성원 대다수가 당연한 것으로 여기는 가치관, 사고방식, 이해력, 판단력, 사리 분별을 말합니다. 즉 특정 사회와 문화권에서 통용하는 개념이라고 볼 수 있습니다. 그렇다면 상식은 절대적인 것일까요? 역사상 가장 위대한 이론물리학자로 알려진 알버트 아인슈타인은 "상식은 만 18세까지 습득한 편견의 집합이다"라고 이야기했습니다. 상식이 절대적인 것이 아닌 개개인이 살아온 시대, 문화, 배경, 경험 등에 따라 다르게 체득하는 고정관념에 가깝다는 것입니다.

1903년 라이트 형제가 비행기를 발명하기 전까지 사람들이 하늘을 날아다니는 세상이 올 리 없다고 굳게 믿었습니다. 2007년 스티브 잡스가 아이폰을 발명하기 전에는 개인 컴퓨터를 대체하는 휴대폰의 대중화를 상상하기 어려웠습니다. 1990년대 이후 출생한 분들은 우리나라의 1990년대의 호황을 비상식으로 여깁니다. 은행 저축금리가 10%대였으며 평생직장이라는 개념이 있었던 시절이었기 때문입니다. 그때는 상식이었는데 지금은 비상식이 되었습니다.

'지금 현금을 들고 있으면 바보 된다'와 '현금은 쓰레기가 아니다'라는 두 주장 중 어떤 게 더 상식적이라고 여겨지나요? 2023년 하반기 기준의 관점으로는 상당수가 두 번째 주장에 동의할 것입니다. 하지만 2022년에 이 두 주장을 보았다면 어땠을까요? 지금과 동일하게 생각했을까요?

2019년 하반기부터 2022년까지는 '지금 현금을 들고 있으면 바보 된다'는 메시지가 먹히던 시기였습니다. 왜 그랬을까요? 이 시기는 부동산 폭등 시기였습니다. 자고 일어나면 뉴스에서 부동산 최고가 경신 보도가 쏟아졌고, '영끌'로 빚을 내 투자한 이들의 소식이 날마다 들려왔습니다. 동시에 미국에서는 인플레이션 위기설이 새어 나왔습니다. 2022년 6월 미국 소비자지수가 10%를 돌파하며 40년 만에 인플레이션시대가 도래했으니 고물가에 대비해야 한다는 기사가 쏟아졌습니다.

그러니 이 시기에는 현금을 부동산 같은 자산으로 바꾸어 인플레이션 시대에 대비해야 한다는 의견이 힘을 받았습니다. 인플레이션 시대에 현금은 쓰레기고 부동산, 주식 자산의 가치가 치솟는다는 논리였습니다. 사람들은 새로운 위기론에 공포심을 가졌고, 착실하게 월급을 저축하던 사람들과 부동산이나 주식 투자를 하지 않았던 사람들은 앉은자리에서 벼락거지가 되어버렸습니다.

그러나 1년이 지난 후 어떻게 되었나요? 정확히 1년 만에 이 상식이 손바닥 뒤집히듯 바뀌었습니다. "나를 믿어라. 현금은 쓰레기가 아니다Believe me. Cash is not trash." 이 말은 2023년 5월 오마하에서 열린 버크셔 해서웨이 주주총회에서 투자의 귀재 워런 버핏이 한 말입니다. 한 기자가 "현금을 지나치게 많이 가지고 있는 것이 아니냐"라고 묻는 질문에 "기준금리 5%인 상황에서 현금을 들고 가는 것은 전혀 문제가 되지 않으며 2008년처럼 좋은 투자 기회가 올 것이라

생각하고 있기에 많은 현금을 두고 있다"라고 버핏은 답했습니다.

2022년 하반기가 도래하자 거짓말처럼 부동산 시장은 급격히 차가워졌습니다. 팔고 싶어도 팔 수가 없는 거래절벽인 상황인데 매도 호가가 수억 원씩 뚝뚝 떨어지고 있다는 뉴스가 나오기 시작했습니다. 그리고 대출금리까지 높아져 이자 부담이 크게 치솟았습니다. 매매가가 전세가보다 낮은 깡통전세 뉴스가 쏟아졌고 갭투자를 악용한 전세사기가 심각한 사회적 이슈로 떠올랐습니다. 불과 1년 만에 모든 것이 달라졌습니다.

부동산 세금도
아는 것이 힘

다시 아까 드린 질문으로 돌아와서 집이 없는 분들은 정말 세금을 몰라도 되는 걸까요? 2022년 주택 소유 통계 자료에 따르면 대한민국 전체 가구의 약 40%는 월세나 전세의 형태로 거주하고 있다고 합니다. 즉 대한민국 1/3 이상의 사람은 보유하고 있는 주택이 없다는 의미입니다. 생각보다 무주택 가구가 많다는 생각이 들지 않나요? 그렇다면 주택이 없는 사람이라면 부동산 관련된 세금에 관심을 가질 이유가 없지 않을까요? 부동산을 평생 소유하지 않겠다는 본인만의 신념이 있다면 예외가 될 수 있겠지만 절대 그렇지 않습니다.

자의에 의해서 또는 타의에 의해서 부동산을 보유하는 상황이 올 수밖에 없습니다. 현재는 소유 중인 집이 없더라도 청약이 되었든, 갭투자가 되었든 각자의 주택 마련의 계획이 있을 것이며 또는 부모님의 사망으로 부모님 소유의 주택을 상속받게 되어서 주택을 소유하게 될 수도 있으며, 부모님이 돌아가시기 전에 재산 일부를 증여해주면서 주택을 가지게 될 수도 있기 때문입니다. 어떤 이유로든 부동산에는 세금이 따라다닐 수밖에 없고, 갑자기 주택이 생기는 상황이 올 때를 대비해서 미리 세금과 친숙해질 준비가 필요합니다. 따라서 심심치 않게 들려오는 부동산 세금 관련 뉴스도 주의 깊게 지켜보면서 세금을 남 일이 아닌, 나의 일처럼 여기는 태도도 중요합니다.

현재 무주택자라고 해서 부동산 세금을 나 몰라라 하지 않으면 좋겠습니다. 세금에 대해 꾸준히 관심을 가지고 살펴보는 노력이 필요합니다. 물론 세무사시험을 볼 정도로 공부할 필요는 없겠지만, 최소한의 부동산 세금의 이름과 구조 정도는 큰 틀에서 알아두는 것이 언제 어떻게 찾아올지 모르는 세금을 대비하는 데 도움이 될 것입니다.

세금에 대한
관점의 차이

저는 국세청에서 세무공무원으로 일하면서 그리고 세무사로서 다양한 사례를 접할 수 있었습니다. 기본적인 내용을 간과해서 안

내도 되었을 세금을 적게는 수백만 원에서 많게는 수억 원까지 내는 사례를 보며 안타까운 마음도 들었습니다. 일례로 세금을 신고해야 하는지를 몰라서 방치했다가 수년이 지나고 나서 원래 내야 할 세금에 추가로 가산세까지 더해 세금고지서를 받는 분이 의외로 많습니다. 이런 일이 일어나지 않게끔 국세청에서 안내문을 보내고 문자도 보내고 하지만, 이를 무시하고 세금 폭탄을 맞는 사례도 많이 보았습니다.

반대로 지금 집은 없더라도 꾸준히 관심을 두고 정부 정책과 관련 세법 개정이 어떤 흐름으로 진행되고 있는지 정도의 관심을 보인다면 부동산을 매수할 적기를 찾을 수 있고, 얼마나 보유하고 언제쯤 팔지까지 머릿속에 어느 정도 그림을 그릴 수 있어 더 부자되는 길에 가까워진다고 확신합니다. 모두가 부자를 꿈꾸는 세상입니다. 부자가 되었을 때 그제야 세금 공부를 할 것이라는 생각은 좋지 않습니다. 합법적인 절세 방법을 적극 활용하며 정당하고 성실하게 세금을 내면서 부자가 될 것이라는 생각이 중요합니다. 앞으로 부자의 길로 가느냐, 못 가느냐의 갈림길에서 세금에 대한 생각의 차이가 큰 격차를 만들어낼 것입니다. 이것이 바로 지금 부자가 아니더라도, 집 한 채 없어도, 반드시 세금을 알아야 하는 이유입니다.

알수록 돈이 되는 부동산 절세 전략

우리가 세금 내기를
꺼리는 이유

"세금과 부채는 대부분의 사람이 경제적 안정이나

경제적 자유를 얻지 못하는 두 가지 주된 이유다."

로버트 기요사키, 『부자 아빠 가난한 아빠』 저자

세금은 태생적으로 달가운 존재가 아닙니다. 세금에 대한 불만이 끊이지 않았다는 것을 역사가 증명하고 있습니다. 어떻게든 세금을 걷어야 하는 정부와 어떻게든 세금을 피하고 싶은 시민 사이에서 팽팽하게 대립해온 징수와 강탈의 역사라고도 할 수 있지요.

과거에 존재했던 특이한 세금을 잠깐 소개해드리겠습니다. 과거 17세기 영국에서는 주택에 달린 창문의 개수에 따라 세금을 부과한 일명 창문세가 있었습니다. 창문이 많을수록 집이 클 것이고 그곳에 사는 사람은 부자일 것이라는 생각으로 고안한 일종의 재산세입니다. 18세기 초 러시아에는 수염에 대해 세금을 부과하는 수염세도 있었습니다. 수염을 관리하기 위해서는 많은 돈과 시간이 들기 때문에 돈 많은 귀족들을 대상으로 세금을 거두어들일 목적이었던 것입니다. 뿐만 아니라 난로가 많을수록 부자라고 추정하며 부과한 난로세, 결혼하는 경우 내는 결혼세, 결혼을 안 하고 독신으로 산다고 내야 하는 독신세 등 정말 다양한 분야에서 여러 명목으로 거두어들인 세금들이 있었습니다.

방금 소개한 과거의 세금에 비하면 현재 대한민국의 세금은 그래도 합리적인 것 같습니다. 우리가 내는 세금은 기본적으로 '순이익'을 기반으로 하고 있습니다. 예를 들어 회사에 다니면서 월급을 받는 사람이라면 1년 동안 받는 급여에서 각종 공제금액을 차감한 금액에 한해서 세금이 계산됩니다. 사업자라면 본인의 1년 동안 벌어들인 총 수입금액에서 재료비, 인건비, 임차료 등의 경비를 차감한 순이익에 한해서 세금을 냅니다. 양도세도 마찬가지입니다. 무언가를 싸게 사서 비싸게 팔았을 때 남는 순이익에 한해 내는 세금입니다. 증여나 상속은 아무 대가 없이 무상으로 취득하는 금액으로, 받은 재산 중에 속해 있는 부채와 법에서 정해놓은 일정 금액을 뺀 금액에 대해 내는 세금이 증여세와 상속세입니다.

물론 모든 세금의 계산이 이렇게 단순하지는 않습니다. 보유세인 재산세와 종합부동산세는 보유하고 있기에 내는 세금으로, 앞서 말씀드린 세금과 성격이 다르다고 할 수 있습니다. 그렇지만 세금은 기본적으로 '순이익'에 붙는다는 개념으로 접근하는 게 좋습니다.

세금은
공평하지 않다

벤저민 프랭클린은 이 세상에서 누구도 피해갈 수 없는 두 가지가 바로 '죽음'과 '세금'이란 말을 남겼습니다. 모두가 세금을 내고 살아가며, 그 누구도 세금으로부터 자유로울 수 없다는 뜻입니다. 그런데 세금을 아까워하는 이유도 여기에 있습니다. 사람들은 자신이 수고한 노동의 가치가 제대로 인정받지 못한다고 느낄 때 불만을 가집니다. 내가 낸 세금이 제대로 쓰이지 않고 부당하게 분배되거나 낭비되고 있다고 인식하면 세금을 내는 것을 아깝다고 생각할 수밖에 없겠지요. 더구나 이유도 모른 채 남보다 더 많은 세금을 내고 있다면 어떨까요? 불쾌하기 짝이 없을 것입니다. 누구나 동등하게 일하고 평등하게 세금을 내고 싶어 합니다. 같은 조건이라면 세금을 더 많이 내고 싶어 하는 사람은 아마 없을 것입니다.

한 직장에서 동일한 연차에 비슷한 연봉을 받는 두 대리가 있다고 가정해보겠습니다. 옆 부서 대리는 연말정산으로 환급을 받았는데, 같은 직급인 자신은 오히려 세금을 토해내야 하는 상황이라면 어떤 기분이 들까요? 굉장히 억울하고 손해보는 기분이겠지요.

누구나 세금을 내지만, 납세액은 모두 다릅니다. 옆자리 동료가 얼마를 벌고 세금은 얼마를 냈는지, 잘 나간다는 친구의 사업 매출은 얼마나 되고 소득세는 얼마나 냈는지, 부친 땅을 상속받은 동창생의 자산은 얼마나 되고 상속세는 얼마나 냈는지 등을 다 알 수 있다면 어떨까요? 핀란드에는 매년 11월 1일이 되면 전국 28개소 지방 세무서에서 시민 개개인의 과세 정보를 공개하는 일명 '국민 질투의 날'이 있습니다. 다른 사람의 소득과 납세액을 비교하는 과정에서 질투심을 느낄 것이라 간주해서 붙여진 명칭입니다. 이처럼 공평하지 않은 세금의 특성으로 인해 사람들은 세금 내는 것을 피할 수 있다면 피하고 싶어하는 것입니다.

피할 수 없다면
대비하라

세금과 떼려야 뗄 수 없는 삶을 살면서도 자신은 세금과 무관하다고 여기는 사람이 정말 많습니다. 이러한 잘못된 사고방식은 세금을 아깝게 느끼는 또 다른 이유가 됩니다.

사업과 관련된 세금이라면 1년에 부가가치세 2번(법인은 4번), 소득세와 법인세는 1번 신고하고 납부하는 게 일반적입니다. 대부분의 사람은 평소에 얼마의 세금이 나오는지에 관심을 보이지 않다가 막상 신고 기간이 닥쳐와서 계산한 세금을 보고서 '왜 이렇게 세금

알수록 돈이 되는 부동산 절세 전략

이 많이 나오냐'라는 이야기를 하며 충격을 받습니다. 그나마 사업 관련 세금은 신고하는 기간이 정해져 있지만 양도, 상속, 증여와 같이 특정 이벤트가 있어야 발생하는 세금은 그 충격이 비교적 크게 옵니다.

특히나 상속세는 사망한 이후에 발생하는 세금이라서 사전에 대비를 전혀 하지 않은 경우 상속세를 내기 위해 급매로 부동산을 파는 상황이 많이 일어납니다. 월급을 받는 회사원은 어떨까요? 매년 1월쯤 되면 연말정산 시즌이 다가오면 그제야 공제받을 수 있는 항목들을 찾아봅니다. 그때는 이미 작년의 자료를 바탕으로 정산을 하는 것이기 때문에 1월에 준비하는 것은 늦은 셈이지요. 제대로 연말정산을 챙기려면 다음 연도의 연말정산을 염두에 두고 연초부터 공제항목들을 살펴보며 지출 등을 계획해야 절세 효과를 누릴 수 있습니다. 큰 그림으로 보면 어느 정도 예측가능한 부분도 많습니다. 따라서 다가올 사건에 대비해 미리 시뮬레이션도 돌려보고 전략도 세워보면서 각종 세금에 대비하는 자세가 필요합니다.

기업에서 이야기하는 '원가절감'이라는 말을 많이 들어보았을 것입니다. 이익을 극대화하기 위해 불필요한 경비를 줄이겠다는 의미입니다. 여기서 잠깐 원가의 개념에 대해 간략하게 말씀드리겠습니다. 회계학에서는 원가를 고정비와 변동비로 나누어서 책정합니다. 고정비는 말 그대로 고정되어 있는 비용입니다. 장사가 잘되든 안되든 무조건 지출해야만 하는 임차료가 대표적인 비용이 되겠지요. 반대로 변동비는 장사가 잘될수록 높아지는 변동성을 보이는 비용을 말합니다. 재료비가 대표적인 변동비에 속합니다.

갑자기 원가 이야기를 하는 이유는 세금도 비용 측면에서 보는 관점이 필요하다는 이야기를 전하기 위해서입니다. 원가의 개념에서 세금은 변동비라고 표현할 수 있습니다. '나'라는 인생사업에서 발생하는 비용이라는 관점입니다. 이익을 높이는 방법은 간단합니다. 매출을 높이든지 비용을 줄이든지 딱 두 가지입니다. 이익이 누적되면서 부를 이룬다는 건 누구나 아는 사실이지요. 즉 부자가 되려면 이익을 높이고, 이익을 높이려면 세금이라는 비용을 줄여야한다는 결론에 다다릅니다. 그리고 세금은 아는 만큼 줄일 수 있습니다.

국세청에 근무할 때 많이 들었던 이야기 중 하나가 '몰랐다'입니다. 세금을 신고해야 하는지, 세금을 내야 하는지 몰랐다는 이야기를 정말 많이 들었습니다. "세금과 부채는 대부분의 사람이 경제적안정이나 경제적 자유를 얻지 못하는 두 가지 주된 이유다."『부자아빠 가난한 아빠』의 저자로 잘 알려진 로버트 기요사키의 책 속의문장이 폐부를 날카롭게 찌릅니다.

세금 폭탄은
서민, 중산층에게 더 위험하다

"무릇 있는 자는 받아 풍족하게 되고,

없는 자는 그 있는 것까지 빼앗기리라."

〈마태복음〉 13장 12절, 35장 29절

2022년 유튜브 채널 '머니인사이드'에 출연해서 '고물가, 고금리 시대에 대두된 세금의 중요성'을 주제로 인터뷰를 진행한 적이 있습니다. 주제에 관해 심도 있는 대화가 오갔으며, 미리 준비했던 답변에 국세청 시절의 직무 경험과 다양한 세무 상담 사례까지 더해 전문적이고 유익한 정보를 전할 수 있었습니다.

그 당시 '머니인사이드'의 구독자 연령 층은 20~30대였음에도 해당 인터뷰는 많은 조회수를 기록했습니다. 사실 세금에 관심을 보이는 연령대는 일반적으로 40~60대입니다. 세금은 돈을 활발하게 버는 시기보다 자산을 불리고 이전하는 시기에 더 중요해지기 때문입니다. 해당 시기를 연령대로 따지면 대게 40대 초중반 이후의 시기와 맞물립니다. 또한 상대적으로 젊은층은 가진 자산이 적기에 세금에 대해 관심이 덜할 수밖에 없습니다. 그런데 이런 20~30대 구독자들로부터 높은 관심을 불러일으킨 것이 다소 의외였습니다.

'왜 그렇죠?'라는
질문이 돈을 번다

회상해보면 당시 '머니인사이드'의 촬영 팀이었던 메인 PD와 카메라 감독님 모두 젊은층으로 보였는데, 그래서인지 이들이 가진 세금에 대한 관점과 시각은 아무래도 세무사인 저와 달랐습니다. 세금과 세법을 일상적으로 접하고 부동산, 주식 등 자산 관리에 관심이 많은 40~60대의 고객과 주로 소통하는 저와 달리 20~30대 대상의 유튜브 채널을 운영하는 그들은 세금의 종류나 세율, 세법, 부동산 조세 정책 등의 개념이 전부 생소했을 것입니다. 그래서 인터뷰 질문에 대한 저의 설명이 다소 어렵고 이해가 되지 않은 부분도 있었을지도 모릅니다.

이에 촬영 팀은 양도세, 종합소득세 등의 세목의 정의가 무엇인

알수록 돈이 되는 부동산 절세 전략

지 묻기도 하고, 개념의 이해를 돕기 위해서 구체적인 사례를 추가해달라는 등의 사항을 끊임없이 요청했습니다. 그런 질문들은 저를 각성시키기에 충분했습니다. 콘텐츠의 완성도를 높이기 위한 그들의 적극적인 자세는 제가 세금에 대해 전혀 모르는 사람도 이해할 수 있도록 아주 기초적인 부분부터 설명해보자고 마음먹는 계기가 되었습니다. 그리고 촬영이 막바지에 다다랐을 때 PD가 기습 질문 하나를 던졌는데, 평소 깊게 생각해본 적도 없고 그 누구에게도 받아본 적도 없는 질문이었습니다.

"이제까지 세무사님이 가장 많은 세금을 아껴드린 사례가 궁금합니다." 평소 생각하지 않은 내용이지만 신기하게도 하나의 사례가 떠올랐습니다. 오피스텔이 주택 수에 포함되는 줄 모르고 2주택자 중과세율에 해당하는 시점에 자신이 살던 주택을 팔아 5억 원의 양도세를 낼 뻔했던 A 씨의 사례였습니다. 당시 A 씨의 전 재산은 10억 원 남짓이었습니다. 전 재산의 반을 세금으로 낼 뻔했으나 다행히 매도계약 직전에 무언가 이상한 느낌이 들어 저를 찾아왔고, 세금 상담을 받으면서 매도 시기를 미루어 다행히 5억 원을 지킬 수 있었습니다.

상담 초반에 저는 A 씨가 2주택자인지 알지 못했습니다. A 씨는 오피스텔은 주택이 아니라는 주변의 말을 철석같이 믿고 있었기 때문에 제게 말할 필요성을 느끼지 못했던 모양입니다. A 씨 입에서 '조그만 오피스텔이 하나 있는데'라는 이야기가 흘러나온 것은 한참 양도세 계산과 이런저런 이야기로 상담이 무르익은 와중이었습니다. 저는 갑자기 툭 튀어나온 오피스텔이란 단어가 신경 쓰였습니다. 어떤 오피스텔인지 재차 물어본 결과, 세를 놓아 학생이 거주하는 오피스텔이라는 사실을 들었습니다. 이는 엄연히 주택 수에 포함되는 것이었고, 다행히 주택 매도 전에 오피스텔을 먼저 처분하는 것으로 안내를 해드릴 수 있었습니다. 1억 원도 안 되는 작은 오피스텔 때문에 양도세를 5억 원 이상 낼 뻔했던 아찔한 순간이 아닐 수 없습니다.

서민에게 세금이 불리하게 작용하는 세 가지 이유

대부분의 사람이 하는 오해 중 하나가 '세금 폭탄은 돈 많은 부자들이나 맞는 것이다'라는 생각인데, 이는 엄연히 잘못된 생각입니다. 오히려 서민과 중산층이 더 세금 폭탄에 노출되어 있습니다. 왜 그런지 그 이유를 크게 세 가지로 말씀드리겠습니다.

첫째, 서민과 중산층은 전 재산이 집 한 채가 전부인 사람이 대다수이기 때문입니다. 이들은 평생에 부동산 거래를 할 기회가 한 번에 그치거나 전혀 없을 수도 있다는 뜻입니다. 대한민국 노후 자산으로 비중 1위는 부동산입니다. 통계청이 발표한 '2022 고령자 통계' 자료에 따르면 65세 이상 고령자 가구 전체 자산 중 부동산이 차지하는 비중이 80.9%에 달한다고 합니다. 40~50대도 전체 자산

구성 중 70% 이상을 부동산이 차지할 정도로 부동산에 과도한 자산이 집중되어 있습니다. 즉 노후 자산의 대부분이 부동산이라 해도 과언이 아닙니다.

앞서 말씀드린 A 씨도 자산의 비중이 부동산에 치우쳐 있었습니다. 부동산 거래도 평생 한두 번 남짓이 전부였지요. 부동산 거래의 기회가 드물기 때문에 부동산 관련 세금에 대해서 무지하거나 정확하지 않은 정보를 사실로 알고 있을 확률이 큽니다. 평생에 한두 번 있을까 말까 한 중대한 부동산 거래를 무지에 가까운 상태에서 진행하면 어떻게 될까요? 단 한 번의 실수만으로도 돌이킬 수 없는 피해를 입을 수 있습니다.

둘째, 세금에 대한 심리적 부담과 경제적 충격이 훨씬 크게 작용합니다. 다주택자나 자산가는 설사 예상치 못한 과징금을 맞거나, 바뀐 세법으로 피해를 보더라도 다른 건물이나 자산을 팔아 세금을 충당하거나, 임대차 상황을 조율하거나 해서 다방면의 노력을 통해 피해를 최소화할 여지가 있습니다. 그래서 비슷한 문제의 상황에서 서민, 중산층이 받는 충격은 자산가들이 받는 충격과 차이가 있습니다. 5억 원이라는 납세액이 부과된다고 가정했을 때 100억 원의 자산가와 10억 원의 자산을 가진 사람이 느끼는 부담감은 심리적으로도, 경제적으로도 차이가 큽니다. 앞의 사례에서 말씀드렸던 A 씨는 재산의 절반을 세금으로 납부할 위기에 처했었지요. 만약 A 씨가 세금을 냈다면 어떻게 되었을까요? 평생에 걸쳐 모은 전 재산의 절반을 날린 상황에서 아무렇지 않게 일상생활을 영위할 수 있었을까요? 그렇지 않을 것입니다. 심한 자책과 큰 상실감을 느꼈을 것입니다.

하지만 부자들은 이런 위험에 상대적으로 덜 노출되어 있습니다. KB금융그룹이 발간한 '2022 한국부자보고서'에 따르면 대한민국 부자의 기준은 총자산 100억 원 이상을 소유한 사람으로 조사되었습니다. 즉 금융 자산과 부동산을 포함한 모든 자산을 통틀어 총자산이 100억 원 이상이 되어야 부자라고 판단한다는 뜻입니다. 그런데 100억 원 이상의 자산가들은 다양한 전문가와 수시로 세금에 대해 상의하고 장기적인 절세 계획을 세우기 때문에 변화하는 세법에 대응할 수 있습니다. 세금 관련 정보 입수도 빠른 편이고, 자녀가 있다면 미리 증여 계획을 세우는 경우가 일반적입니다. 그러니 느닷없이 세금 폭탄을 맞거나 세법을 잘 몰라서 또는 세법 개정 변화에 어긋나는 결정을 해서 예상치도 못한 세금을 과하게 내는 일은 좀처럼 없습니다.

셋째, 부동산 세금에 대해 무관심합니다. 의지가 있다면 누구나 유튜브, 네이버 등에 접속해 검색만 하면 무료로 세금에 대한 최신 정보를 습득할 수 있습니다. 세무전문가와 무료로 상담할 수 있는 플랫폼도 어렵지 않게 찾아볼 수 있습니다. 하지만 서민과 중산층은 부자들에 비해 세금에 대한 관심이 적습니다. 세금을 '나와는 상관없는 것'이라고 치부하는 사람도 많습니다. 따라서 서민과 중산층은 자연스럽게 세무사와 거리를 두게 됩니다. 부동산 투자에 관심이 있고 공부를 하는 사람조차 지방으로 임장을 다니고는 하지만, 세무사와 매매에 대한 실질적 상담을 해볼 생각은 잘 하지 못합니다.

제가 국세청에 근무하면서 만난 수많은 민원인의 상당수는 세무사와 접촉하는 것을 꺼렸습니다. 도저히 세무서에서 처리할 수 없는 사안을 가지고 공무원과 씨름하는 답답한 상황도 비일비재했습니다. 세무사를 만나면 그 비용이 아깝다는 생각을 가진 분이 특히 많았습니다. 그래서 무작정 세무서를 찾아와서 문제를 해결하려고 하는 것입니다. 이렇게 행동하는 분들 중 자산가는 한 분도 본 적이 없었습니다. 자산가들은 이미 지속적으로 교류하는 세무사가 곁에 있거나, 본인의 시간을 세금보다 더 가치 있게 생각하기에 기꺼이 비용을 지불하고 세무사를 찾아갑니다. 하지만 서민, 중산층은 본인의 시간과 에너지보다는 당장의 비용 절감에 더 가치를 두는 경향이 있습니다.

중개인을 통해 거래를 성사하기 전에 한 번쯤 세무사를 만나 세무 상담을 받아보았다면 세금을 내지 않았을 경우도 참 많습니다. 대다수의 사람은 '거액의 부동산도 아닌데 세금이 나오면 얼마나 나온다고?'라는 생각으로 세금의 비중을 얕잡아 보거나 '중개비도 부담스러운데 굳이 세무 비용을 감수해야 하나?'라며 비용을 아끼려다 더 큰 피해를 입습니다. '호미로 막을 것을 가래로 막는다'는 속담이 있지요. 부동산 세금은 거래 확정 전에 미리 알아보고 어떻게 계획을 세우는지에 따라 세금을 작은 호미로 막을 수도, 나중에 세금이 문제를 일으켜서 더 큰 가래로 막아야 할 수도 있다는 것을 꼭 기억하기를 바랍니다.

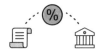

대한민국 부동산 세금이 복잡하게 꼬인 이유

"정치란 누가, 무엇을, 언제, 어떻게 가지느냐에 대한 것이다."

해럴드 라스웰, 미국의 정치학자

세금은 살아 있는 유기체와 같습니다. 시대, 정치, 경제 상황에 따라 세금은 끊임없이 변합니다. 특히 대한민국 부동산 세법은 정부 정책에 지대한 영향을 받습니다. 그리고 부동산은 대한민국에서 굉장히 중요한 위치에 있습니다. '부동산 민심'으로 불릴 만큼 표심에 지대한 영향을 미치기 때문입니다. 즉 어느 진영이 부동산 민심을 더 우세하게 잡는지에 따라 정권을 유지할 수도, 정권을 바꿀 수도 있는 것이지요.

알수록 돈이 되는 부동산 절세 전략

지난 20대 대통령 선거에서 강력한 변수로 작용한 것도 부동산 민심이었다는 평가가 지배적입니다. 문재인 정부는 5년간 25번이나 부동산 관련 세법을 고쳤음에도 불구하고 부동산 시장 과열과 폭등장의 흐름을 막아내는 데 실패했습니다. 이 과정에서 무주택자와 다주택자 사이의 첨예한 갈등이 일어났고, 지속되는 부동산 갈등 이슈에 국민들의 피로감은 점점 더 심해졌습니다. 이렇듯 대한민국 부동산은 단순히 자산의 형태를 넘어서 전 국민의 감정과 심리, 개개인의 이해관계가 반영된 복잡한 특성을 보입니다.

정치와 세금의 상관관계

부동산은 역사적으로 정치적 수단으로 이용되었고, 앞으로도 그럴 가능성이 높습니다. 앞서 말씀드린 바와 같이 대한민국 노후 자산의 80%가 부동산입니다. 부동산은 국민의 전 재산과 다름이 없다는 뜻이지요. 부동산 정책은 현재 월세, 전세 등의 임차 형태로 거주하는 분들의 거주 안정에 직접적인 영향을 미칩니다. 그래서 대한민국 국민이라면 누구나 부동산 관련 이슈에 관심이 많을 수밖에 없습니다.

정치적인 관점에서 보면 전 국민의 관심사인 부동산은 확실하고 가시적인 효과를 내는 정치적 수단입니다. 따라서 어느 정치 집단이든 부동산 민심은 사활을 걸고 승리해야 하지요. 이러한 이유로 부동산 세금 정책은 선거철마다 민심의 바로미터로 활용됩니다. 진보 진영에서는 다주택자의 세금 부담을 확대한다고 외치고, 보수 진영에서는 양도세 중과를 유예하고 종합부동산세 기준을 완화하겠다고 공언하는 식입니다.

"정치란 누가, 무엇을, 언제, 어떻게 가지느냐에 대한 것이다." 미국의 정치학자인 해럴드 라스웰은 정치를 이렇게 정의했습니다. 정치에서 승리하기 위해서는 유권자의 마음을 사로잡는 것이 중요합니다. 유권자는 누구에게 표를 주려고 할까요? 대다수의 시민은 '누구를 뽑는 것이 자신에게 이득이 될 것인가?'를 고민한 끝에 한 표를 선사할 가능성이 높습니다. 무주택자는 주택 공급을 늘리고 주거 안정을 최우선으로 둔다는 후보에게 끌리겠지요. 사업가는 법인세를 인하하고 기업 대출 조건을 유리하게 해주겠다고 공약한 후보를 찍을 것입니다. 이러한 인간의 속성에 따라 표심이 움직이다 보니 정치인들은 자신이 공략하려는 핵심층에 속한 개개인의 이해관계와 밀접한 경제적인 혜택과 이득을 제시할 수밖에 없습니다.

정리하자면 국민 자산의 비중이 과도하게 몰린 부동산이 대한민국에서는 민심을 잡는 핵심 키워드입니다. 정치권에서는 이 부동산 민심을 잡기 위해 부동산 세제 정책을 바꾸고 고칠 수밖에 없는 것이지요. 대한민국 부동산 세법이 1년에도 몇 번씩 바뀌고 땜질식으로 손을 대면서 누더기 세법이라는 오명을 쓸 수밖에 없는 필연적 이유가 여기에 있습니다.

부동산 정책에 담긴
세금 시그널

시장을 이기는 정부는 없다고 하지만, 대한민국 부동산 시상에서 세금 정책이 지대한 영향을 미치는 것을 부정할 수 없습니다. 부동산 투자자라면 항상 '정부 정책에 반하지 말라'는 격언을 명심해야 합니다. 정부가 집을 사라는 것인지, 팔라는 것인지, 돈을 빌리라는 것인지, 빌리지 말라는 것인지 등 그 정책 속의 메시지를 읽을 수 있어야 합니다. 국가가 의도하는 정책을 이해하지 못해서 또는 그 흐름을 따라가지 못해 정책에 반하는 결정을 한다면 투자 실패는 물론이며 자칫하다가는 전 재산을 잃을 수 있기 때문입니다.

윤석열 정부 출범 다음날, 문재인 정부에서 시행한 다주택자에 대한 양도세 중과가 한시적으로 해제되었습니다. 일정 수준 이상의 재산을 양도할 때 양도세를 더 많이 내게끔 하는 양도세 중과를 해제한다는 것은 '양도세를 대폭 줄여줄 것이니 다주택자는 이 기회에 집을 팔아라'라는 시그널을 보낸 셈이지요. 당시 기준으로 양도세 중과 해제가 어느 정도의 절세 효과가 있었는지 시뮬레이션을 해보았습니다. 당시 조정대상지역인 서울, 구리, 하남에 아파트 세 채를 보유한 가상의 다주택자를 대상으로 시뮬레이션을 한 결과, 양도차익이 12억 원일 경우 양도세 완화 혜택을 받으면 양도세를 5억 6,000만 원 이상 줄일 수 있는 것으로 나왔습니다.

양도세 중과 규정에 따르면 조정대상지역 2주택자는 양도세 기

다주택자의 양도세 중과 완화 시뮬레이션 세액 변화

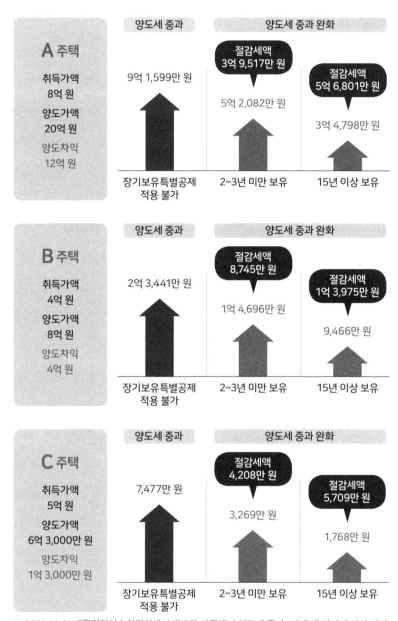

A 주택

취득가액
8억 원

양도가액
20억 원

양도차익
12억 원

양도세 중과

9억 1,599만 원

장기보유특별공제
적용 불가

양도세 중과 완화

절감세액
3억 9,517만 원

5억 2,082만 원

2~3년 미만 보유

절감세액
5억 6,801만 원

3억 4,798만 원

15년 이상 보유

B 주택

취득가액
4억 원

양도가액
8억 원

양도차익
4억 원

양도세 중과

2억 3,441만 원

장기보유특별공제
적용 불가

양도세 중과 완화

절감세액
8,745만 원

1억 4,696만 원

2~3년 미만 보유

절감세액
1억 3,975만 원

9,466만 원

15년 이상 보유

C 주택

취득가액
5억 원

양도가액
6억 3,000만 원

양도차익
1억 3,000만 원

양도세 중과

7,477만 원

장기보유특별공제
적용 불가

양도세 중과 완화

절감세액
4,208만 원

3,269만 원

2~3년 미만 보유

절감세액
5,709만 원

1,768만 원

15년 이상 보유

※ 2022.03.31 대통령직인수위원회에서 발표한 다주택자 양도세 중과 1년 유예 방안에 따라 계산

알수록 돈이 되는 부동산 절세 전략

본세율(6~45%)에 20%가 중과되고, 3주택자는 30% 중과된 세율이 적용되었습니다. 양도차익이 10억 원을 넘으면 지방세까지 더해서 최대 82.5%를 세금으로 납부해야 했습니다. 반면 중과를 배제하면 최대 45% 기본 세율만 적용되고, 3년 이상 보유하면 기간에 따라 차등 적용되는 장기보유특별공제*까지 받을 수 있어 세액 차이가 더욱 커지게 됩니다.

서울 아파트 취득가액과 양도가액을 각각 8억 원과 20억 원이라고 가정했을 때 양도세 중과가 적용되면 양도차익 12억 원 중에서 9억 1,599만 원의 양도세가 계산됩니다. 반면 양도세 중과가 완화되면 세금은 큰 폭으로 감소합니다. 서울 아파트 보유 기간을 2~3년 미만으로 가정할 때 양도세는 5억 2,082만 원으로, 중과 적용 시 세액인 9억 1,599만 원 대비 3억 9,517만 원이 줄어듭니다. 여기에 15년 이상 보유해 장기보유특별공제도가 적용되면 세액은 3억 4,798만 원까지 줄어듭니다. 이 경우 5억 6,801만 원가량 절세 효과를 볼 수 있습니다. 만약 같은 조건에서 다주택자가 양도세 중과 규제가 있었던 때에 주택을 팔았다면 5억 원 이상 손해를 볼 수 있었다는 의미이기도 합니다.

한편 대한민국 세금구조는 누진세율구조로 되어 있습니다. 누진

---

* 자산의 보유 기간이 3년 이상인 장기보유 자산에 대해 그 양도소득금액을 계산할 때 일정 비율을 공제해 줌으로써 건전한 부동산 투자 또는 소유를 유도하려는 제도

세율이란 무엇일까요? 어떤 세금이든 반드시 세율이라는 것이 있습니다. '%'로 표현을 하는데, 이 세율이 적용되는 요소가 과세표준입니다. 과세표준을 단순하게 표현하자면 순이익이라고 생각하면 됩니다. 이 과세표준이 높아질수록 더 높은 세율을 적용받도록 되어있는 구조를 누진세율구조라고 합니다.

갑자기 누진세율 이야기를 꺼낸 이유는 세금을 누가 더 많이 내는지를 설명드리기 위해서 입니다. 앞서 시뮬레이션을 한 양도세도 누진세율구조로 계산한 결과입니다. 양도가액이 높으면 높을수록, 양도차익이 많으면 많을수록 누진세율구조로 인해서 더 높은 세율을 적용받아 더 많은 세금을 내는 것입니다. 즉 부동산을 많이 가진 사람이나 비싼 땅을 소유한 사람이 세금을 많이 낼 수밖에 없는 구조입니다. 돈을 많이 소유할수록 세부담이 커지며 실제로도 많은 세금을 내고 있습니다. 따라서 세금을 많이 내야 하는 사람들이 세법개정, 세제 정책 등에 민감하게 반응할 수밖에 없겠지요.

부동산 정책은 부동산 민심으로 불릴 만큼 정치적인 영향에 따라 좌우되는 특징을 보입니다. 그렇기에 부동산 투자를 성공적으로 하기 위해서는 수시로 변화하는 부동산 정책에 담긴 의미 있는 신호를 파악하면서 그 흐름과 방향성에 맞는 결정을 내릴 수 있는 혜안이 필요합니다.

상승장과 하락장에서 달라지는
부동산 세금 공식

> "곤경에 빠지는 것은 무언가를 몰라서가 아니다.
>
> 무언가를 확실하게 안다는 착각 때문이다."
>
> 마크 트웨인, 미국의 소설가

2008년 미국 서브프라임 모기지 사태를 소재로 한 영화 〈빅쇼트〉는 미국의 소설가 마크 트웨인의 유명한 명언으로 시작합니다. "곤경에 빠지는 것은 무언가를 몰라서가 아니다. 무언가를 확실히 안다는 착각 때문이다." 이 영화는 2008년 미국 부동산 시장의 몰락을 미리 예측하고 공매도를 시도한 투자자들의 이야기를 다루었습니다.

실제 이 사건으로 세계에서 4번째로 큰 투자은행이었던 리먼 브

라더스가 파산하며 '미국발 글로벌 금융위기'가 일어났습니다. 이로 인해 미국을 넘어 전 세계 경제가 큰 충격과 공포에 빠졌습니다. 영화 〈빅쇼트〉의 실제 인물인 마이클 버리는 이 사태를 예견하고 머지않아 부동산 시장이 붕괴될 것이라 확신하며 부동산 시장 폭락에 큰 돈을 투자했습니다. 대부분의 투자은행 관계자와 투자자는 그의 판단을 조롱하며 비웃었습니다. 과거 30년간 그래왔던 것처럼 미국 주택 가격은 앞으로도 우상향할 것이라고 모두가 굳게 믿었기 때문입니다. 하지만 금융, 경제, 투자 전문가들조차 무언가를 확실하게 안다고 착각한 결과, 미국이 자랑하던 월스트리트는 한순간에 쓰러지고 미국 경제는 참담하게 무너지고 말았습니다.

그리고 방금 이야기와 현재 대한민국 부동산 시장에서 벌어지고 있는 상황은 크게 다르지 않은 것 같습니다. 2017년부터 차츰 오름세를 보인 부동산 가격은 2020년부터 2년 남짓한 짧은 기간 내에 천정부지로 올랐습니다. 코로나19 팬데믹 위기를 맞으며 전 세계적으로 제로금리 정책이 시행되며 글로벌 주식과 부동산 시장은 그야말로 활황이었습니다.

이에 집이 없으면 앉은 자리에서 거지가 되어버린다는 '벼락거지'라는 신조어가 탄생하기도 했습니다. 날마다 언론에서는 주택 가격이 수억 원씩 뛰었다는 뉴스를 내보냈지요. 이러한 뉴스들로 상대적 박탈감과 조급함을 이기지 못한 이들은 결국 '영혼까지 끌어서' 과도하게 대출을 한 후 집을 사들였습니다. 다수의 부동산 전문가가 상승세를 전망했고, 집 가격이 더 오를 것이라는 시장 참여자들의 기대감이 합쳐지며 대한민국 부동산은 계속 우상향한다는 '부동산 불패신화'를 만들어냈습니다.

상승장에서는
세금이 우습다

부동산 상승장에서는 현금의 가치보다 부동산의 가치가 더 커집니다. 1년 동안 버는 연봉보다 1년 동안 상승하는 집값이 더 높아집니다. 그래서 이 시기에는 대출을 받아 부동산을 매입하려는 사람이 많아집니다. 대출금리 상승세보다 집값 상승세가 더 가파르니 부동산을 사는 게 남는 장사라고 생각하는 것입니다. 부동산은 살 때, 보유할 때, 팔 때 모두 세금이 붙는다고 여러 번 강조했습니다만, 상승장에서는 세부담을 크게 느낄 수 없습니다. 금리도 마찬가지입니다. 고금리든, 저금리든 크게 상관하지 않습니다. 집값이 치솟고 있으니 매수자의 의지가 강합니다.

반면 팔려는 사람은 매물을 거두고 관망세로 돌아섭니다. 집을 가지고만 있어도 매일 부동산 가격이 오르니까 빨리 팔수록 손해를 볼 수 있기 때문입니다. 부동산 시장은 시장참여자의 심리가 중요한 요소인데, 상승장에서는 매도자 우위의 시장이 형성되는 것이지요.

그래도 매매는 활발한 편입니다. 매수자가 매도자의 호가에 맞추려는 경향이 크기 때문입니다. 하루라도 빨리 집을 사는 게 이득이라는 심리가 반영되어 가격 협상이 원만하게 이루어지는 편입니다. 높은 가격에 집을 매수하니 취득세도 더 나오고, 부동산 가격의 상승세로 재산세, 종합부동산세도 증가합니다. 그러나 세금을 크게 신경쓰지 않습니다. 부동산 가격이 계속 오를 것이라는 기대감으로 해당 집에 살거나 또는 세를 주거나 해서 버티다가 나중에 집을 팔아 차익을 남길 수 있다는 생각 때문입니다. 매도할 때 내는 양도세 비과세까지 적용받으면 이익을 극대화할 수 있습니다. 부동산 상승장에서는 거래가 활발하고, 매수자가 더 많은 시기라 비과세 조건을 맞추어 얼마든지 투자 시기를 조율할 수도 있습니다.

하지만 지난 2022년 하반기처럼 부동산 시장이 침체되는 국면에서는 상황이 완전히 달라집니다. 다수의 시장 참여자가 부동산 가격이 정점을 찍고 내려간다고 생각하면 매수 심리가 얼어붙으면서 부동산 거래가 사라집니다. 따라서 순식간에 매수자가 주도권을 가진 시장이 만들어집니다. 따라서 매도자는 매수자의 선택을 기다려야만 하는 상황이 펼쳐집니다.

하락장에서는 자산 가격이 계속해서 떨어지는데, 공시가격*은 1년에 한 번 발표되는지라 시장 가격을 실시간으로 반영하지 못합니다. 실가격보다 공시가격이 높아지는 상황이 발생하고, 보유자는

---

* 국토교통부장관이 건물이 없는 땅에 어느 정도의 가치가 있는지 감정평가사에 평가를 의뢰한 뒤 매겨지는 단위 면적당 가격

알수록 돈이 되는 부동산 절세 전략

공시가격을 기준으로 내는 재산세, 종합부동산세가 부담스러워집니다. 집값은 계속 떨어져서 가만히 있어도 손해를 보는데 매년 보유세를 내야 해서 심리적으로도 힘듭니다. 대출을 껴서 샀다면 이제 금리에 대한 부담도 커지게 됩니다. 요즘처럼 고금리로 놀아선 상황이라면 이자 부담에 원금 상환까지 버거워집니다.

이렇게 부동산 하락장이 심해지면 정부는 거래량을 늘리기 위해 다주택자에 대한 양도세, 취득세 중과 규제를 해제하는 조치를 취합니다. '팔 사람은 팔고 살 사람은 사라'라는 신호를 주는 것이지요. 그럼에도 불구하고 시장이 침체된 상황에서는 집이 팔리지가 않으니 비과세 요건을 맞추기 위한 양도기한을 넘기고 집을 팔게 되어 비과세를 적용받지 못하는 사례도 발생합니다.

부동산 절세 기회는
하락장에 숨어 있다

위기 속에 기회가 숨어 있는 법이지요. 부동산 절세 기회는 부동산 하락장에서 찾을 수 있습니다. 특히 주식, 부동산 등 자산을 많이 소유한 자산가라면 하락장을 증여의 기회로 보고 발 빠르게 움직입니다. 채권, 금, 원자재 등 다른 투자처로 자산을 바꾸어 위험을 분산하기도 합니다. 부동산처럼 역사적으로 우상향하는 자산이라면 하락장을 일시적인 하락세로 간주하고 배우자, 자녀, 손자녀에게 자산을 물려주기 위한 기회로 하락장을 활용합니다. 과세표준 30억 원을 초과하면 증여세율, 상속세율은 50%가 되는데, 하락장의 영향으로 과세표준이 그 이하로 떨어지거나 사전에 세운 증여계획으로 재산을 분산한다면 더 낮은 세율을 적용받을 수 있습니다.

예를 들어 배우자 증여세 공제는 6억 원까지 가능합니다. 따라서 8억 원인 아파트를 배우자에게 증여한다면 증여세 3,000만 원을 내야 하지만, 아파트 가격이 6억 원 아래로 떨어졌다면 세금을 내지 않고 배우자에게 증여할 수 있습니다. 이후 부동산 가격이 회복해서 6억 원의 가격이 8억 원이 된다면 2억 원의 상승분은 증여세 없이 고스란히 증여받은 사람이 누릴 수 있게 됩니다.

하락장에서는 증여세와 마찬가지로 상속세도 유리하게 작용할 수 있습니다. 상속세는 배우자가 있는 경우 최소 10억 원은 공제되므로 10억 원 이하의 자산을 상속할 시 상속세는 발생하지 않습니다. 물론 상속 시기를 부동산 시장에 맞추어 조절할 수는 없지만, 부동산이 하락하는 시기를 어떻게 활용하느냐에 따라 세금 측면에서는 절세의 기회가 될 수 있습니다.

이렇듯 부동산 상승장과 하락장에서의 세금 공식은 다릅니다. 취득세, 재산세, 종합부동산세, 양도세 등 세목과 세율에 따라 그리고 세법은 동일하더라도 부동산 경기가 활황인지, 불황인지에 따라 부동산 세금이 달라진다는 것입니다. 부동산을 매매하고 물려주는 것은 시기에 따라 절세 전략과 대응 방법이 달라질 수 있다는 것을 꼭 기억하기를 바랍니다.

왜 부동산을 살 때 처분 계획을
염두에 두지 않는 걸까?

"작전을 짤 때는 겁쟁이가 되어야 한다."

나폴레옹

프랑스의 유명한 영웅 나폴레옹은 정말 신중히 작전을 세웠다고 합니다. 위험 요소와 불리한 조건을 더욱 부풀린 최악의 상황을 가정하고 대비책을 치밀하게 마련했다고 합니다. 전쟁 경험이 많고 다수의 승리를 이끈 나폴레옹이지만 "작전을 짤 때는 겁쟁이가 되어야한다"라고 말하며 계획의 중요성을 강조했습니다.

'주식 농부'로 불리는 주식 투자의 대가 박영옥 투자자도 그의 책 『주식투자 절대 원칙』에서 농부가 농사 계획에 따라 신중하게 씨를 뿌리고 수확을 하듯이 투자도 계획과 원칙을 지켜야 한다고 이야기했습니다. 그러나 대다수의 일반인은 부동산 세금에 관해서 매수 시점의 취득세만 생각하고 보유하는 동안에 발생하는 여러 세금까지는 미처 생각하지 못합니다.

이로 인해 만약 부동산 가격이 떨어지면 대출이자에 세부담까지 커져 집을 이고 사는 처지가 됩니다. 그래서 도망치듯이 집을 팔려고 하니 뒤늦게 양도세가 걱정되어 세무사를 찾아오는 것입니다. 그나마 집을 양도하기 전에 세무 상담을 받는 분들에게는 양도 시기를 조율하거나, 이 기회에 채무와 함께 증여를 한다거나, 자녀에게 저가로 양도하는 등 절세에 대한 조언이 가능합니다만, 집을 팔고 난 후에는 세액이 결정된 이후이므로 절세에 대한 조언이 불가능합니다.

양도세, 증여세, 상속세 상담이
압도적으로 많은 이유

제가 세금 관련으로 상담한 내용의 70% 이상이 양도세, 증여세, 상속세 상담이라고 해도 과언이 아닙니다. 국세청 재산세과는 양도세, 증여세, 상속세만 담당하는데, 이 과는 세무서에서 가장 바쁘고 업무 강도가 센 부서 중 하나로 손꼽힙니다. 왜 유독 양도세, 증여세, 상속세에 상담 내용이 집중되어 있을까요? 부동산 관련 세목은 다양한데 말입니다. 그 이유는 대략 두 가지로 정리할 수 있습니다.

첫째는 대개 사람들이 부동산 매수를 쉽게 하기 때문입니다. 즉 부동산을 살 때 얼마나 보유할지, 언제 팔지에 대한 장기적인 계획을 세우지 않습니다. 부동산을 매수하기 전부터 매도 시점을 염두에 두어야 투자 위험을 줄일 수 있습니다. 그렇기에 매수하려는 부동산 매물, 매수 시기에 대한 자신만의 확실한 근거와 기준을 마련해야 합니다. '단순히 지금 부동산을 사면 돈이 된다'라는 입소문을 듣고 대책없이 매수하면 안 됩니다.

둘째는 증여세와 상속세는 납세자의 신고에 의해 결정되는 세금이 아니라 국세청에서 검토 후 결정하는 세금이기 때문입니다. 쉽게 말해 증여세와 상속세는 과세 당국의 담당자가 모든 자료를 검토한 후 결정되는 세금입니다. 상황이 이렇다 보니 아무래도 증여세와 상속세를 담당하는 재산세과에 업무가 몰리게 되고, 혹여나 자신도 모르는 내용으로 상속세조사 같은 세무조사가 나오지는 않을지 걱정되어 세무 상담을 원하는 분들의 수요가 몰리는 것입니다.

10년 단위의 절세 플랜의 중요성

저를 비롯한 많은 세무사가 증여세와 상속세는 '10년 단위의 플랜'을 미리 만들어두는 게 중요하다고 강조합니다. 증여세는 10년마다 증여재산공제한도를 활용해 절세할 수 있고, 상속세의 경우 사망일로부터 10년 이내 상속인에게 증여한 가액이 상속재산에 합산된다는 점을 활용해 10년 단위로 장기적인 계획을 세워 두면 세금을 대폭 절감할 수 있기 때문입니다.

특히 증여세는 증여 시점을 조율할 수 있기 때문에 증여자의 판단이 더욱 중요합니다. 만약 자녀가 태어나자마자 증여재산공제 한도에 한한 금액을 증여한다면 자녀가 30살이 될 때까지 총 1억 4,000만 원을 무상으로 증여할 수 있습니다. 배우자는 최대 6억 원까지 공제가 가능하니 활용 범위도 큰 편입니다. 증여세 최고세율인 50%가 넘는 30억 원 이상의 자산가는 세율 구간을 줄여가는 형태로 배우자, 자녀에게 증여를 활용할 수 있습니다.

50억 원을 소유한 자산가를 예로 들어보겠습니다. 이 자산가의 사망으로 상속이 이루어진다면 상속세는 약 15억 4,000만 원[*]이 발생합니다(배우자의 재차 상속을 고려한 경우로 배우자공제 최소금액인 5억 원 이내로 배우자가 상속받는 가정). 반면 사전증여를 활용해서 배우자와 자녀 2명에게 각 5억 원, 총 15억 원을 증여했을 때 발생하는 증여세는 1억 6,000만 원[**]입니다. 그리고 증여 후 10년이 지나서 사망하는 경우 남은 재산 35억 원에 대한 상속세는 8억 4,000만 원

---

[*] {50억 원 - 10억 원(배우자공제 5억 원 + 일괄공제 5억 원)} × 50% - 4억 6,000만 원(누진공제)

[**] 배우자: {5억 원 - 6억 원(배우자공제)} = 0원, 자녀 1: {5억 원 - 5,000만 원(직계비속공제)} × 20% - 1,000만 원(누진공제) = 8,000만 원, 자녀 2: {5억 원 - 5,000만 원(직계비속공제)} × 20% - 1,000만 원(누진공제) = 8,000만 원

*입니다(이 경우 역시 배우자의 재차 상속을 고려해 배우자는 상속받지 않는 가정). 즉 증여세와 상속세를 합해 총 부담할 세금은 10억 원으로 계산됩니다. 50억 원이 한 번에 상속되는 세금과 비교하면 약 5억 4,000만 원을 절세할 수 있는 것입니다. 즉 증여금액과 증여 시기 그리고 배우자에게 상속을 얼마나 하는지에 따라 다양한 절세 전략을 세울 수 있습니다.

상속세는 사망일 이후에 내야 하는 세금이라 정확한 상속 시기를 알기가 힘들지만, 피상속인의 나이 또는 건강상태 등을 고려해 대략적인 상속 시기를 가늠해볼 수 있을 것입니다. 상속세율이 50%가 넘어가는 40억~50억 원 이상의 자산가의 경우 대부분 60대부터 대략적인 상속세 컨설팅을 받습니다. 100세 시대이기 때문에 단순히 가정해도 대략 4번 정도 절세 플랜을 세울 수 있을 것입니다. 이렇게 장기적인 관점으로 사전에 세금 계획을 세워 두면 증여세, 상속세 세무조사를 받을 위험을 크게 줄일 수도 있고 대응하기도 용이합니다.

모두가 성공적인 부동산 투자로 수익을 내고 싶어 합니다. 하지만 진짜 돈을 버는 투자자는 소수뿐이지요. 현명한 투자자는 살 때부터 팔 때까지 시야를 넓히고 각 과정마다 붙어 있는 세금까지 고려해 치밀하게 전략을 세운다는 것을 꼭 기억하기를 바랍니다.

---

* {35억 원 - 10억 원(배우자공제 5억 원+ 일괄공제 5억 원)} × 40% - 1억 6,000만 원(누진공제)

진짜 중요한 것은
세후 수익

"모든 장기 투자자에게 있어 단 하나의 목적은

세후 최대의 실질 총 수익률을 올리는 것이다."

존 템플턴, 월가의 전설

보이는 것이
전부가 아니다

제 고객 중 연 매출이 20억 원 이상 되는 사업체를 운영하는 자영업 대표님이 있습니다. 그런데 이 대표님이 폐업을 하고 싶다고

알수록 돈이 되는 부동산 절세 전략

상담을 요청한 것입니다. 아무리 매출이 높아도 빛 좋은 개살구에 불가하다면서 임대료, 직원 인건비, 재료비, 세금 등 지급할 돈들을 다 제외하면 자신의 수중에 남는 돈이 없어서 그만두고 싶다는 내용이었습니다. 높은 매출에도 불구하고 세금을 내고 나면 실질 수익률이 낮다는 것이지요. 비용 공제를 받는 것에도 한계가 있고, 건강보험료도 만만치 않으니 폐업을 고려한 것입니다.

부동산 임대업을 하는 한 고객도 제게 절세 상담을 하러 와서 이런 이야기를 전했습니다. "부동산을 여러 채 가지고 있으면 강화된 세금 규제로 종합부동산세나 재산세로 많이 힘들어요. 그리고 이자도 치솟는데 무턱대고 임대료를 올릴 수도 없는 노릇이라 잠을 편히 못 잔지 오래입니다." 다주택자인 이 분은 그래도 사정이 나은 편입니다. 부동산 규제 환경 변화에 대한 경험과 이해가 있으니 말입니다.

세후 수익이
진짜 수익

세금을 모두 납부하고 내 손에 쥐게 되는 '세후 수익'이 중요합니다. 부동산처럼 세금의 비중이 큰 자산은 당연히 세금을 고려해야 합니다. 부동산 양도 과정에서 예상치 못하게 세금 폭탄을 맞을 가능성은 얼마든지 있기 때문입니다. 그래서 부동산 계약서에 사인하기 전에 양도까지 계획해 세금 전략을 세워야 합니다.

하지만 이렇게 미리 계획을 마련하는 분들은 소수에 불과합니다. '세금 나오면 얼마나 나온다고?'라는 생각으로 세금을 얕잡아 보는 분이 생각보다 많습니다. 월 스트리트의 살아 있는 전설로 불리는 존 템플턴은 "모든 장기 투자자에게 있어 단 하나의 목적은 세후 최대의 실질 총수익률을 올리는 것이다"라는 유명한 투자 격언을 남겼습니다.

부동산 투자의 최종 목표도 '세후 최대의 실질 수익률'입니다. 하지만 부동산에 대한 높은 관심과는 달리 부동산 세금에 대해서는 크게 신경 쓰지 않는 경향이 있습니다. 취득세, 재산세, 종합부동산세, 양도세 등 부동산을 사고, 보유하고, 파는 전 과정에 그림자처럼 세금이 따라다닙니다. 대부분의 사람은 시세차익만 크게 올릴 수 있으면 나머지 문제는 알아서 해결될 거라는 막연한 기대감만 가지고 있습니다. 설사 기대한 만큼 시세차익을 얻는다 할지라도, 세금을 납부하지 않고서는 수익을 한 푼도 가져갈 수 없습니다. 그만큼 세금은 실제 수익에 결정적인 역할을 합니다. 이것이 부동산 투자 전에 '세후 수익'을 면밀히 따져보아야 하는 이유입니다.

알수록 돈이 되는 부동산 절세 전략

증여세와 상속세는
부자 세금이라는 착각

"행복한 가정은 모두 서로 닮았지만,

불행한 가정은 모두 저마다의 이유로 불행하다."

레프 톨스토이, 『안나 카레니나』 중

서울에 집 한 채만 있어도 상속세를 걱정해야 하는 시대입니다. KB 부동산의 통계 자료에 따르면 2023년 4월 기준 서울 아파트 평균 매매 가격이 11억 9,944만 원으로 11억 원을 넘어섰습니다. 부동산 관련 빅데이터를 다루는 부동산R114에 따르면 매매 가격이 9억 원을 넘는 아파트도 2022년 5월 기준 전체 아파트 중 68%를 차지했습니다. 반면 6억 원 이하의 아파트는 8%도 되지 않습니다. 배우자와 자녀가 있다면 10억 원까지 상속세를 공제받을 수 있으니, 만약 서울 아파트 평균 매매 가격의 아파트를 상속받는다면 상속세 납부 대상자가 되는 것이지요.

불과 몇 년 전만해도 상속세를 걱정한다는 것은 곧 부자라는 것을 의미했습니다. 물려줄 재산 규모가 큰 경우에만 부과되는 세금이기에 대다수 서민과 중산층은 상속세를 본인과 상관없는 먼 이야기로 치부해버렸습니다. 2013년에 김은숙 작가의 〈상속자들〉이라는 드라마가 인기를 끌었는데, 주인공인 부유층 자녀들을 일컬어 '상속자'라고 칭했습니다. 당시 드라마 제목으로 쓰일 만큼 상속받는 이들은 곧 부유층이라는 인식이 지배적이었습니다.

10년새 상속세납부자 123% 증가

하지만 지금은 어떤가요? 드라마처럼 재벌들만 상속을 받고 상속세를 납부하나요? 그렇지 않습니다. 10년간의 국세청 데이터를 확인하면 부자 세금의 대명사였던 상속세에 대한 변화의 흐름을 알 수 있습니다. 국세통계 자료에 따르면 2011년 5,720명에 불과했던 상속세를 납부하는 피상속인 수는 2021년 1만 2,749명으로 증가했고, 피상속인이 남긴 재산 총액도 2011년 8조 8,786억 원에서 2021년 26조 5,827억 원으로 18조 원가량 늘었습니다. 재산에 따

알수록 돈이 되는 부동산 절세 전략

른 상속 결정세액도 1조 5,545억 원에서 4조 9,131억 원으로 3배 넘게 증가했습니다.

과거 부유층 자산가들 사이에서만 관심이 높았던 증여세에 대한 관심도 과거에 비해 크게 대중화되었습니다. 이는 데이터에서도 나타납니다. 증여세 결정 건수는 2011년 12만 6,409건에서 2021년 27만 5,592건으로 2배 이상 증가했고, 증여 결정세액도 3조 5,666억 원에서 8조 9,714억 원으로 10년 만에 3배 가까이 상승했습니다.

대한민국에서 가장 선호하는 투자처인 아파트에 대한 증여 건수도 급증했습니다. 한국부동산원에 따르면 2021년 1~9월 전국 아파트 증여 건수는 6만 3,054건으로, 2006년 관련 통계 집계 이래 역대 두 번째로 높은 수치입니다. 최다 수치는 2020년 1~9월 아파트 증여 건수 6만 5,574건으로 집계되었습니다. 2020~2021년은 부동산 상승세가 가파른 우상향을 그린 시기였지요.

증여 건수도 부동산 상승장에서 급증했습니다. 아파트 가격이 하늘 높은 줄 모르고 치솟는 시기에 다주택자의 양도세와 종합부동산세 등 세부담이 극에 달하면서 세금을 줄이기 위한 방법 중 하나로 증여를 택한 것으로 해석할 수 있습니다. 당시 다주택자에 대한 최고 양도세율은 지방세까지 포함하면 82.5%에 이르렀으니 다주택자들은 집을 팔아도 남는 게 없다는 계산을 한 것입니다. 또한 자녀에게 증여하면 주택 수를 줄일 수 있어 보유세도 줄어드는 효과도 있습니다. 물론 지난해 하반기에 이르러 부동산 심리가 얼어붙고 경기가 하락세에 접어들면서 증여 재산규모는 1년 전에 비해 25% 감소하고, 상속재산 규모도 14% 줄어든 것으로 집계되었습니다.

증여세와 상속세는 이미
모두의 세금이다

증여세와 상속세는 이미 '부자 세금'이 아닌 서민과 중산층도 걱정하는 대중적인 세금으로 변모했습니다. 장기적인 관점으로 보면 앞으로도 증여세와 상속세는 지속적으로 증가할 수밖에 없습니다. 시간이 흐를수록 화폐 가치는 하락하고 물가는 지속적으로 오르는 인플레이션이 이어지는 한 부동산의 가치는 점진적으로 상승할 수밖에 없기 때문입니다.

하지만 세법은 느리게 변합니다. 우리나라 증여세, 상속세 세율 체계는 오랫동안 그대로인 반면, 부동산 가격은 큰 폭으로 뛰었습니다. 2003년부터 20년간 서울 아파트 가격이 강남은 7.4배, 비강남권은 4.5배 상승했다는 조사 결과도 나와있지요. 자산 가격이 상승하면 세금 부담도 크게 증가합니다. 예를 들어 2003년에 자녀에게 3억 원 아파트를 증여했다고 가정하면 증여세가 4,000만 원이 나옵니다. 하지만 20년이 흘러 2023년 현재 아파트 가격이 30억 원으로 오른 상태에서 증여한다면 증여세는 무려 10억 2,000만 원이 됩니다. 자산 가격은 10배 올랐지만 세금은 25배 넘게 내야 하는 것입니다. 「상속세 및 증여세법」은 현실적인 물가상승분을 반영하지 못할

뿐더러, 체계상 누진세율구조라 금액이 클수록 더 높은 세율이 적용되기 때문입니다.

　'행복한 가정은 모두 서로 닮았지만, 불행한 가정은 모두 저마다의 이유로 불행하다'라는 레프 톨스토이의 소설 『안나 카레니나』의 강렬한 첫 문장처럼 평탄하게 물 흐르듯이 재산을 물려주는 가정은 모두 비슷한 공통점을 가지고 있지만, 진흙탕 싸움으로 번지는 가정은 저마다의 이유로 재산 분쟁이 일어납니다. 전자는 10년 단위로 미리 부의 이전을 고민하며 세무사, 회계사, 변호사 등 여러 전문가와 수시로 소통하면서 계획을 세웁니다. 증여 또는 상속할 재산 목록도 최소 1년 단위로 업데이트하고, 증여 기간과 물려줄 자녀 수 등을 토대로 세부적인 전략도 세워놓으려고 하지요.

　반면 예상치 못한 상속재산을 떠안게 되거나, 가족 구성원끼리 미리 소통하지 않은 가정에서는 부모, 형제, 자매간의 소송도 불사하며 진흙탕 싸움이 발생하기 마련입니다. 또한 재산 분배 등의 크고 작은 오해들로 인해 가족 간의 불화로 번져 감정의 골이 더욱 더 깊어지는 경우가 다반사입니다.

　대중적인 관심사로 떠오른 증여세, 상속세에 대한 논쟁은 앞으로 더 빈번해질 전망입니다. 세법은 현실을 반영하기 어렵고, 부동산 가격도 인플레이션 등 여러 상황을 고려하면 쉽게 꺼지지 않을 것이기 때문입니다. 따라서 '증여세, 상속세는 부자 세금이다'라는 잘못된 편견에서 벗어나는 것이 소중한 재산을 지키고 현명하게 물려주는 터닝포인트가 될 것입니다.

2장

예상하지 못한 손실로
뒤통수를 치는
부동산 취득세와 보유세

부동산 세금의 시작,
취득세

사람은 다양한 이유로 한 번쯤 부동산을 소유하게 됩니다. 매매로 유상취득을 하는 경우도 있고, 증여나 상속으로 무상취득을 하는 경우도 있습니다. 이유는 다양하지만 공통되는 게 있습니다. 취득 단계부터 세금 계산이 시작된다는 것입니다. 부동산을 취득하는 이유가 다양하듯이 취득하는 물건의 종류에 따라 혹은 취득 원인에 따라 각각 다른 세율이 적용되며, 부동산 관련 세금 중 가장 다양한 세율을 보여주는 세금이 바로 취득세라고 할 수 있습니다.

유상이든 무상이든 취득 단계부터 적지 않은 금액의 세금을 내기 때문에 부동산 취득자금뿐만 아니라 취득세에 대한 자금 마련도 반드시 인지하고 있어야 부동산 소유권이전등기*를 할 때 생각하지도 못한 세금 때문에 당황하거나 자금 마련에 어려움을 겪는 일을 피할 수 있습니다. 지방세인 취득세를 전문가나 실무자처럼 깊이 있게 공부할 필요는 없지만 대략적으로 본인이 취득하는 목적이나 물건에 따라 어느 정도의 세금이 발생하는지 정도는 알아두어야 부동산 매수 시기, 매도 시기, 매도 가격 등을 미리 계획할 수 있습니다.

취득세는 양도세와 더불어 부동산 정책에 상당히 많은 영향을 받습니다. 정부 정책의 방향에 따라 부동산 시장 열기를 잠재우기 위해 규제를 강화하거나 또는 부동산 거래가 활발해질 수 있도록 규제를 완화할 때 자주 손을 대는 세금 중의 하나입니다. 그만큼 취득세는 변동성이 크다고 할 수 있습니다. 이러한 취득세는 매수하는 사람 입장에서 내는 세금이기 때문에 취득세 정책에 따라 매수세력에 큰 영향을 미칠 수밖에 없습니다.

● 표 2-1. 주택 외의 취득세율 정리표

취득원인	구분	취득세	농어촌특별세	지방교육세	합계
상속(무상)	농지	2.3%	0.2%	0.06%	2.56%
	농지 외	2.8%	0.2%	0.16%	3.16%
증여(무상)	주택 외	3.5%	0.2%	0.3%	4%
원시취득(신축 등)		2.8%	0.2%	0.16%	3.16%

---

* 부동산 소유권에 변동이 생긴 사실을 부동산등기부에 기재하는 것

매매(유상)	농지	3%	0.2%	0.2%	3.4%
	농지 외	4%	0.2%	0.4%	4.6%

취득세는 크게 '주택에 대한 취득세'와 '주택 이외의 부동산에 대한 취득세'로 구분할 수 있습니다. 먼저 주택 외 부동산에 대한 취득세율은 표 2-1과 같습니다. 상속인지, 증여인지, 원시취득인지, 매매인지에 따라 취득원인을 구분했습니다. 표 내용과 같이 주택 외의 부동산에 대한 취득세는 비교적 간단합니다. 문제는 주로 **주택에 대한 취득세**에서 발생합니다. 주택의 면적, 취득 원인, 보유하고 있는 주택 수, 주택의 소재지에 따라 다른 세율이 적용되기 때문에 천천히 세율표를 보면서 알아보도록 하겠습니다.

주택의 유상취득(매매) 취득세

다음 표 2-2를 보면 주택에 대한 취득세가 엄청 세분화되어 있다는 것을 알 수 있습니다. 표 2-2를 보는 법은 어렵지 않습니다. 왼쪽부터 시작해 **취득 대상이 개인인지 법인인지 → 취득하려는 주택의 소재지가 무엇인지 → 몇 번째 주택의 취득인지 → 취득하려는 주택의 금액이 얼마인지 → 취득하는 주택의 면적이 어떠한지**의 순서대로 따라가면 쉽게 세율을 확인할 수 있습니다.

구분	지역	주택 수	금액	면적	취득세	농어촌 특별세	지방 교육세	합계
개인	조정 대상 지역	1주택 또는 일시적 2주택	6억 원 이하	85m²이하	1%	비과세	0.1%	1.1%
				85m²초과		0.2%	0.1%	1.3%
			6억 원 초과 ~9억 원 이하	85m²이하	1.111~3.289%(*)			
				85m²초과	1.311~3.489%(*)			
			9억 원 초과	85m²이하	3%	비과세	0.3%	3.3%
				85m²초과		0.2%	0.3%	3.5%
		2주택	금액 무관	85m²이하	8%	비과세	0.8%	8.8%
				85m²초과		0.2%		9%
		3주택 이상	금액 무관	85m²이하	12%	비과세	1.2%	13.2%
				85m²초과		0.2%		13.4%
	비조정 대상 지역	2주택 이하	6억 원 이하	85m²이하	1%	비과세	0.1%	1.1%
				85m²초과		0.2%	0.1%	1.3%
			6억 원 초과 ~9억 원 이하	85m²이하	1.111~3.289%(*)			
				85m²초과	1.311~3.489%(*)			
			9억 원 초과	85m²이하	3%	비과세	0.3%	3.3%
				85m²초과		0.2%	0.3%	3.5%
		3주택	금액 무관	85m²이하	8%	비과세	0.8%	8.8%
				85m²초과		0.2%		9%
		4주택 이상	금액 무관	85m²이하	12%	비과세	1.2%	13.2%
				85m²초과		0.2%		13.4%
법인	무관	무관	무관	85m²이하	12%	비과세	1.2%	13.2%
				85m²초과		0.2%		13.4%

※ 6억 원 초과 ~ 9억 원 이하 : {(취득가액 × 2/3) - 3} × (1/100)

● 표 2-3. 주택 취득세율 정리표 요약

구분		취득세율	조정대상지역	비조정대상지역
개인		1~3%	1주택·일시적2주택	2주택 이하
		8%	2주택	3주택
		12%	3주택 이상	4주택 이상
법인		12%	주택 수 무관	주택 수 무관

    조정대상지역 2주택 이상, 비조정대상지역 3주택 이상의 경우 주택에 대한 취득세는 3%보다 훨씬 높은 중과세율이 적용되고 있습니다. 이러한 흐름으로 다주택자를 압박해 매수세를 꺾어 부동산 시장이 주춤하고, 추가로 완화된 취득세율 개정안이 나왔으나 아직 국회통과가 되지 않아 지켜보아야 하는 상황입니다. 발표된 개정안에 따른 완화된 취득세 중과세율은 표 2-4와 같습니다. 해당 개정안이 국회에 통과된다면 개정한 내용을 기반해 2022년 12월 21일을 기준으로 소급해 현재 적용되고 있는 높은 취득세율로 납부한 납세자들에게 완화된 세율을 적용해 환급해주겠다는 계획을 보였습니다.

● 표 2-4. 완화된 유상취득 취득세 중과세율 정리표

구분	1주택	2주택	3주택	4주택 이상, 법인
조정대상지역	1~3%	8% → 1~3%	12% → 6%	12% → 6%
비조정대상지역	1~3%	1~3%	8% → 4%	12% → 6%

※ 행정안전부 보도자료 2022.12.21

알수록 돈이 되는 부동산 절세 전략

주택의 무상취득(상속·증여)
취득세

방금 말씀드린 개정안에는 무상취득 취득세에 대한 내용도 담겨 있습니다. 증여인이 1주택자에 해당하는 경우에만 기본 취득세율인 3.5%를 적용해주고 있지만 2주택자까지도 3.5%를 적용해주겠다는 내용입니다. 더불어 이번 개편안에는 조정대상지역 공시가격 3억 원 이상 주택을 증여할 때 발생하는 취득세 중과세율 완화 방안이 포함되었습니다. 현행법상 조정대상지역에 위치하며 공시가격 3억 원 이상인 것을 증여하거나 1세대 2주택 이상 보유한 자가 해당 주택을 증여하는 경우 12%의 취득세가 부과되지만, 개편안이 통과되면 6%(증여자가 3주택 이상)로 인하 되어 세부담이 반으로 줄어들게 됩니다. 이 개정안 내용 역시 국회를 통과한다면 2022년 12월 21일 기준으로 소급해 적용됩니다. 내용을 정리하면 다음과 같습니다.

① 증여인이 2주택자인 경우에도 지역, 공시가격 상관없이 12% → 3.5%

② (조정대상지역 3억 원 이상) 3주택 이상 증여자의 취득세 중과세율 완화 12% → 6%

사실 취득세 같은 경우 소유권이전등기를 할 때 법무사를 통해 계산한 금액을 납부하는 경우가 일반적입니다. 비록 직접 본인이 취득세를 계산하고 신고하지 않더라도 앞서 말씀드린 바와 같이 취득세는 생각보다 적지 않은 초기 비용이기 때문에 매매나 증여 계획 단계에서 대략적인 세액을 산출해보고 자금조달계획을 세우기를 권합니다. 또한 정부의 부동산 정책과 해마다 발표하는 세법개정안에 관심을 가지는 것만으로도 매매 또는 증여 시기를 조율하고 결정하는 데 도움을 받을 수 있으며, 실질적인 절세 효과를 얻을 수 있다는 것을 꼭 기억하길 바랍니다.

● 표 2-5. 현행 상속 및 증여 취득세율 정리표

취득원인	구분		면적	취득세	농어촌 특별세	지방 교육세	합계
상속	무주택자상속		85㎡ 이하	0.8%	비과세	0.16%	0.96%
	유주택자상속			2.8%		0.16%	2.96%
	무주택자상속		85㎡ 초과	0.8%	0.2%	0.16%	1.16%
	유주택자상속			2.8%	0.2%	0.16%	3.16%
증여	비조정대상지역		85㎡ 이하	3.5%	비과세	0.3%	3.8%
			85㎡ 초과	3.5%	0.2%	0.3%	4%
	조정대상 지역	공시가격 3억 원 미만	85㎡ 이하	3.5%	비과세	0.3%	3.8%
			85㎡ 초과	3.5%	0.2%	0.3%	4%
		공시가격 3억 원 이상	85㎡ 이하	12%	비과세	0.4%	12.4%
			85㎡ 초과	12%	1%	0.4%	13.4%

※ 증여자가 1세대 1주택자에 해당하는 경우 수증자의 주택 수 상관없이 3.5% 세율을 적용

알수록 돈이 되는 부동산 절세 전략

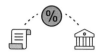

자금조달계획서가
세무조사의 강력한 방아쇠인 이유

주택취득을 계획한다면 가장 먼저 해야 할 일이 바로 '자금조달'입니다. 어떻게 주택취득자금을 마련할 것인지 미리 계획하고 있어야 한다는 뜻이지요. 현재는 조정대상지역이 대부분 해제되었지만, 한때는 전국 웬만한 지역은 조정대상지역으로 지정되어 자금조달계획서 작성이 쉽지 않았습니다.

많은 분이 자금조달계획서를 국세청에서 검토한다고 오해하고 있지만 실상은 그렇지 않습니다. 자금조달계획서는 국세청에서 검토하고 처리하는 문서가 아닙니다. 하지만 자금조달 과정에서 세금 탈루 혐의가 있다면 해당 자료가 국세청으로 넘어가면서 자금출처조사까지 이어질 수 있기 때문에 세무조사의 방아쇠가 될 수 있습니다.

주택	토지
· 투기과열지구 및 조정대상지역 · 비조정대상지역 공시가격 6억 원 이상 · 법인	· 수도권, 광역시, 세종시: 공시가격 1억 원 이상 · 그 밖의 지역: 공시가격 6억 원 이상

※ 투기과열지구 소재 주택의 경우 자금조달 증빙서류 제출

따라서 이번에는 자금조달계획서를 어떻게 작성하는지 그리고 그에 대한 증빙은 어떻게 갖추어야 하는지에 대해 알아보도록 하겠습니다. 우선 자금조달계획서는 어떤 부동산을 취득할 때 작성하는지를 알아야 하겠지요? 자금조달계획서는 표 2-6에서 해당되는 부동산에 대해 작성의무가 있습니다. 자금조달계획서는 **부동산 취득 계약일로부터 30일 이내**에 관할 시군구에 제출해야 하며, 제출을 하지 않거나 거짓으로 작성하는 경우에는 과태료가 부과되기 때문에 제출기한을 지키고 정확한 작성이 이루어져야 합니다.

자금조달계획서는 왜 제출하는 것인가요?

자금조달계획서 작성의무를 두는 이유는 크게 두 가지입니다. 첫째로는 투기 및 비정상적인 부동산 거래를 포착하려는 것입니다. 부동산을 취득할 능력이 안 되는 명의자를 내세워서 타인 명의로 부

동산 투기를 한다면 자금조달계획서 작성이 어렵습니다. 따라서 비정상적인 부동산 거래를 사전에 찾아낼 수 있습니다. 또한 시세보다 터무니없이 낮은 금액으로 거래되는 경우에도 계약 단계에서 제출하는 자금조달계획서에서 문제를 찾아낼 수 있습니다.

둘째로는 편법 증여 혐의를 파악하는 것입니다. 부동산 취득 과정 자체는 계약서를 작성하고 등기를 제출하는 것으로 크게 어렵지 않습니다. 그러나 자금조달계획서 작성의무를 두면 부동산취득자금이 어떻게 마련되는지를 국세청뿐만 아니라 다른 기관에서 한 번 더 검증하게 되므로 보다 검증이 촘촘해지는 효과가 있습니다.

실제로 자금조달계획서 작성의무 때문에 당장 대출 없이 부동산을 취득할 수 있는 돈이 있어도 그 돈이 증여세나 소득세로 신고되지 않아 떳떳하지 못한 돈이라서 부동산 취득을 아예 포기하는 분들도 있습니다. 괜히 집 한 채 샀다가 과거에 증여받은 돈이나 매출 누락한 소득이 수면 위로 올라오게 될 것을 두려워해 취득을 꺼리는 분도 상당히 많이 보았습니다. 이는 자금조달계획서가 1차 검증 효과가 있다는 의미입니다.

물론 대부분의 사람은 자금조달계획서를 작성하는 데 어려움이 없는 것도 사실입니다. 다만 자금조달계획서를 작성하는 데 문제가 발생할 수 있기 때문에 자금조달계획서가 어떻게 구성이 되어 있는지, 어떻게 작성해야 하는지 정확하게 알아두어야 불필요한 소명요구나 괜한 의심을 피할 수 있습니다. 당장 매매계약을 하지 않더라도 자금조달계획서 작성의무지역의 주택을 구매하려는 계획이 있다면 양식을 미리 숙지하고 자금을 어떻게 마련할지 미리 작성해보는 것도 좋습니다.

자금조달계획서
제대로 작성하는 법

다음은 주택에 대한 자금조달계획서 양식을 확인해보겠습니다. 서식에서 가장 중요한 부분은 당연히 ①**자금조달계획**입니다. 이 부분은 크게 자기자본과 타인자본으로 구분지어서 작성하게 됩니다. 즉 취득하려는 주택의 매매대금의 구성을 내 돈과 빌린 돈으로 나누는 것입니다.

②**금융기관 예금액**에는 자금조달계획서 작성 시점에 본인이 보유하고 있는 계좌에서 부동산취득자금으로 사용할 금액을 작성하면 됩니다. 주의할 점은 과거에 자산을 매각하거나 증여받은 돈을 계좌에 보유하고 있다면 해당 금액을 이곳에 작성합니다. 증빙서류를 제출해야 하는 투기과열지구에 소재하는 주택을 취득했다면 예금잔액증명서를 은행에서 발급받아 함께 제출해야 합니다.

③**주식·채권 매각대금**에는 보유하고 있던 주식이나 채권을 팔아서 주택취득자금을 마련할 때 내용을 기입합니다. 증빙서류로는 제출일을 기준으로 했을 때 양도 전이라면 주식잔고내역을 제출하고 향후에 주식을 매각한 뒤에는 주식거래내역서를 제출하면 됩니다.

● 주택취득자금 조달 및 입주계획서 양식

■ 부동산 거래신고 등에 관한 법률 시행규칙 [별지 제1호의3서식] <개정 2022. 2. 28.> 부동산거래관리시스템(rtms.molit.go.kr)에
서도 신청할 수 있습니다.

주택취득자금 조달 및 입주계획서

※ 색상이 어두운 난은 신청인이 적지 않으며, [ ]에는 해당되는 곳에 √표시를 합니다.　　　　　(앞쪽)

접수번호		접수일시		처리기간	
제출인 (매수인)	성명(법인명)		주민등록번호(법인·외국인등록번호)		
	주소(법인소재지)		(휴대)전화번호		

① 자금 조달계획	자기 자금	② 금융기관 예금액 　　　　　　　원		③ 주식·채권 매각대금 　　　　　　원	
		④ 증여·상속 　　　　　　　　　원		⑤ 현금 등 그 밖의 자금 　　　　원	
		[ ] 부부 [ ] 직계존비속(관계: 　) [ ] 그 밖의 관계(　　　　)		[ ] 보유 현금 [ ] 그 밖의 자산(종류: 　　)	
		⑥ 부동산 처분대금 등 　　　　원		⑦ 소계 　　　　　　　　　원	
	차입금 등	⑧ 금융기관 대출액 합계	주택담보대출		원
			신용대출		원
			그 밖의 대출		원
		원	(대출 종류: 　　　　)		
		기존 주택 보유 여부 (주택담보대출이 있는 경우만 기재) [ ] 미보유 [ ] 보유 (　건)			
		⑨ 임대보증금 　　　　　　원		⑩ 회사지원금·사채 　　　　원	
		⑪ 그 밖의 차입금 　　　　원		⑫ 소계 　　　　　　　　원	
		[ ] 부부 [ ] 직계존비속(관계: 　) [ ] 그 밖의 관계(　　　　)			
	⑬ 합계				원

⑭ 조달자금 지급방식	총 거래금액		원
	⑮ 계좌이체 금액		원
	⑯ 보증금·대출 승계 금액		원
	⑰ 현금 및 그 밖의 지급방식 금액		원
	지급 사유 (　　　　　　　　　　)		

⑱ 입주 계획	[ ] 본인입주 [ ] 본인 외 가족입주 (입주 예정 시기: 　년 　월)	[ ] 임대 (전·월세)	[ ] 그 밖의 경우 (재건축 등)

「부동산 거래신고 등에 관한 법률 시행령」 별표 1 제2호나목, 같은 표 제3호가목 전단, 같은 호 나목
및 같은 법 시행규칙 제2조제6항·제7항·제9항·제10항에 따라 위와 같이 주택취득자금 조달 및 입주계획
서를 제출합니다.

　　　　　　　　　　　　　　　　　　　　　　　　　　　　　년　　월　　일

　　　　　　　　　　　　제출인　　　　　　　　　　　　　　　(서명 또는 인)

시장·군수·구청장 귀하

유의사항

1. 제출하신 주택취득자금 조달 및 입주계획서는 국세청 등 관계기관에 통보되어, 신고내역 조사 및 관련 세법에 따른 조사 시 참고
자료로 활용됩니다.
2. 주택취득자금 조달 및 입주계획서(첨부서류 제출대상인 경우 첨부서류를 포함합니다)를 계약체결일부터 30일 이내에 제출하지 않
거나 거짓으로 작성하는 경우 「부동산 거래신고 등에 관한 법률」 제28조제2항 또는 제3항에 따라 과태료가 부과되오니 유의하시기
바랍니다.
3. 이 서식은 부동산거래계약 신고서 접수 전에는 제출이 불가하오니 별도 제출하는 경우에는 미리 부동산거래계약 신고서의 제출여
부를 신고서 제출자 또는 신고관청에 확인하시기 바랍니다.

210mm×297mm[백상지(80g/㎡) 또는 중질지(80g/㎡)]

④ **증여·상속**은 주택취득자금을 증여나 상속받은 금액으로 조달할 계획이 있다면 작성합니다. 상속은 사실 계획이 불가능하기 때문에 대부분 증여로 내용을 작성합니다. 이 경우 누구로부터 증여를 받는지 관계를 체크한 후 세금을 차감한 금액으로 작성하고, 증빙서류로 증여·상속 신고서나 납세증명서를 제출하면 됩니다.

⑤ **현금 등 그 밖의 자금** 이 부분을 특히 주의해야 합니다. 여기서의 현금은 '실물현금'을 의미합니다. 현실적으로 돈다발을 보관하고 있는 경우는 드물기 때문에 고액의 금액을 작성한다면 의심을 받을 가능성이 매우 높습니다. 만약 계약 기간과 잔금 기간이 길어 월급이나 매월 들어오는 미래소득으로 자금을 조달한다면 이 부분에 작성하면 됩니다. 현금 등 그 밖의 자금에 대한 증빙서류로는 소득금액증명원이나 원천징수영수증 등 본인의 소득을 증명할 수 있는 서류를 제출하면 됩니다.

⑥ **부동산 처분대금 등**에는 기존에 보유하고 있는 부동산을 매각해 받은 금액이나 본인의 임대보증금을 돌려받은 금액으로 주택취득자금을 마련할 때 작성합니다. 자금조달계획서를 작성하는 시점에 매물은 내놓았으나 매매계약이 이루어지지 않은 경우에는 해당 매매가액을 작성하고, 실제 계약 이후에 매매계약서를 제출하면 됩니다. 이 부분에서 주의할 점은 매매가액 전액을 작성하는 게 아니고 세금 등 관련 비용을 차감한 금액을 작성해야 한다는 것입니다.

지금까지 본인의 재산으로 주택취득자금을 조달하는 계획을 작성했습니다. 그러나 실제로 순수하게 본인 자금만으로 주택을 구매하는 사례는 많지 않습니다. 은행 대출을 이용하거나 임대보증금을 끼고 구매하기도 하며 또는 주변에서 부족한 자금을 빌려서 마련합니다. 이러한 다양한 상황에 따라 작성하게 되는 차입금 등에 대해 알아보도록 하겠습니다.

⑧ 금융기관 대출액을 먼저 설명하겠습니다. 금융기관을 통해 자금을 마련하면 금액을 객관적으로 확인할 수 있기 때문에 작성하는 데 어려움은 없습니다. 금융기관 대출의 경우 주택담보대출, 신용대출, 그 외 대출로 구분해 해당되는 대출금액을 작성하고 부채증명원이나 대출신청서 등을 증빙서류로 제출하면 됩니다.

⑨임대보증금은 금융기관 대출 다음으로 많이 작성되는 칸입니다. 본인 자금이 부족해 전세를 끼고 매입하는 갭투자 방식은 임대보증금을 제외하고 매매대금을 지급하기 때문에 자금조달에 용이합니다. 임대보증금은 세입자가 나갈 때 반환하는 돈이므로 차입금에 작성됩니다. 증빙서류로는 임대차계약서를 제출하면 됩니다.

회사에서 복지차원으로 직원들에게 주택구매 시 지원을 해주기도 합니다. **⑩회사지원금·사채**는 회사의 지원을 받는 것처럼 금융기관이 아닌 곳에서 자금을 차입할 때 작성하며, 증빙서류로는 금전대차계약서(차용증)을 제출하면 됩니다.

⑪그 밖의 차입금도 중요한 부분입니다. 자기자금과 금융기관 대출을 합해도 자금이 부족할 수 있습니다. 대출 규제로 인해서 충분한 자금이 조달되지 않아 가족이나 주변 지인으로부터 자금을 융통해서 계획할 때 그 밖의 차입금 칸에 작성합니다. 자금조달계획서에

서 가장 빈번하게 소명요구 문제가 불거지는 부분이 바로 이 그 밖의 차입금입니다.

대부분의 경우가 부모로부터 돈을 빌리는 사례인데, 해당 금액이 진짜 빌린 돈인지 아니면 차용을 가장한 증여인지를 따지게 됩니다. 그래서 이 부분을 작성할 때는 사전에 차용증과 그에 따른 증빙을 갖추어야 소명이나 세무조사를 대비할 수 있습니다.

가족끼리 차용증을
꼭 써야 할까요?

자금조달 과정 중에서 과세관청과 가장 빈번하게 다툼이 생기는 개념이 있습니다. 바로 '가족 간의 차입금'입니다.

　가족끼리 오가는 돈에 무슨 차용증을 쓰냐고 반문하는 분이 많습니다. 최근 강화된 대출규제로 인해 매매대금을 마련하기가 곤란하거나, 금리가 오르며 높아진 이자 부담 때문에 여유자금이 있는 부모로부터 도움을 받아 부동산을 취득하는 사례는 점점 많아지는 추세입니다. 부모로부터 무상으로 돈을 지원받은 후 정상적으로 증여세 신고를 진행하는 것으로 자기자본을 형성할 수 있지만, 실제로 상환할 목적으로 부모로부터 돈을 빌려서 자기자본을 형성할 수도 있습니다. 여기서 후자에 해당한다면 빌린 것에 대한 증빙인 차용증과 더불어 차용계약내용에 따라 이자를 지급한 내역을 반드시 남겨놓아야 합니다. 그래야 나중에 소명요구나 세무조사에 대응할 수 있습니다.

우선 원칙적으로 세법에서는 부모와 자식 간에는 금전대차*를 인정해주지 않습니다. 그래서 해당 금전대차에 대한 입증은 납세자에게 있습니다. 그리고 대표적인 입증서류는 바로 차용증입니다. 차용증 관련해 여러 매체에서 수많은 정보를 쏟아내고 있지만, 내용을 제대로 파악하지 못한 분들이 차용증을 모든 문제를 해결하는 서류라고 여기는 경우가 있습니다.

차용증 관련해 상담하다 보면 의외로 많은 분이 증여로 받은 돈을 **빌려온 것처럼**하고 싶어 합니다. 사실상 증여이지만 차용증을 작성해놓으면 빌려온 것으로 인정되지 않냐고 판단하는 것이지요. 차용증을 마치 증여세를 안 내고 돈을 가져올 수 있는 특별한 절세방안이라고 여기는 분을 많이 접할 수 있었습니다. 그러나 단언컨대 차용증은 증여받은 돈이 아닌 빌려온 돈이라고 주장하기 위한 수단 중 하나일 뿐이지 만능인 서류는 아닙니다. 여러 번 강조해도 지나치지 않을 만큼 차용증에 대한 인식을 바로 잡는 것이 무엇보다 중요합니다.

---

* 돈을 빌려줄 것을 약정함과 동시에 일정한 기일에 해당 금액을 갚을 것을 약정하는 계약

차용증이 있어도
과세된 판례

차용증이 있지만 증여세가 과세된 사례를 알려드리겠습니다. 아파트를 사기 위해 어머니로부터 부족한 자금을 받아서 취득했다가 자금출처조사를 받은 사례입니다. 조사 과정에서 차용증도 제출하고 돈의 일부를 갚았다고 주장하며 억울함을 호소했는데 조세심판원에서 이를 받아들이지 않았습니다. 왜 그랬을까요? 국세청의 주장을 보겠습니다.

조심-2021-서-4835 中 국세청 주장 내용 일부

- 청구인은 채권자 A 씨의 은행계좌에서 인출한 자금을 차용해 쟁점아파트 취득자금으로 사용했다고 주장하며 청구인이 작성한 쟁점차용증*을 제출했는데, 쟁점차용증에는 **채권자 A 씨의 서명 없이 청구인의 서명만 확인되고, 이자는 2%로 A 씨가 원금상환 요구 시 원금과 함께 지급하는 조건으로 기재되어 있으며, 상환 일자로는 채권자인 A 씨가 요구하면 언제든지 상환하기로 한다고 되어 있을 뿐 상환 기간, 이자지급 일정, 미상환 시 조건 등이 특정되어 있지 않다.** 또한 특수관계인(어머니와 아들) 간 거래

---

* 불복청구 과정에서 납세자가 증여가 아닌 차용금이라고 주장하며 입증서류로 제출한 차용증

가 아니었다면 부동산 담보 및 채권회수를 할 수 없을 때의 대처 방안 등이 설정되었을 것이지만, 채권을 담보할 아무런 조치도 하지 않은 것으로 볼 때 쟁점차용증은 일반적인 차용증으로 보기 어렵다.

- 청구인은 쟁점금액을 **차용한 시점인 2016년부터 처분청 조사를 했던 당시까지 A 씨에게 원금을 전혀 상환하지 않고 있었으며, 조사 기간 중 대출을 받아 2020.09.17 A 씨에게 ○○○원을 상환했고,** 2020.04.12, 2020.05.13, 2020.06.11, 2020.07.12, 2020.08.14 각 날짜에 ○○○원씩 총 ○○○원을 이자 명목으로 A 씨의 은행계좌로 이체했다고 주장하나, 이는 쟁점차용증의 약정과 다르게 원금상환 없이 이자만을 지급한 점으로 볼 때 해당 금액이 쟁점금액에 대한 이자라고 보기도 어렵다. **따라서 청구인이 제시한 쟁점차용증과 조사 기간 중 상환한 원금 일부 및 5개월분 이자지급 내역 등은 객관적인 입증서류 등으로 보기 어렵다.**

이는 차용증이 결코 만능이 될 수 없다는 것을 전적으로 보여준 판례라고 볼 수 있습니다. 해당 사례는 차용증의 내용이 어설프다는 점도 차용금으로 인정받을 수 없는 이유 중 하나이지만, 무엇보다 차용금으로 인정받을 수 없었던 결정적인 이유는 상환이 이루어지지 않았다는 점입니다. 결론적으로 차용증의 내용대로 원금에 대한 상환이 이루어져야 증빙의 효력이 발생한다는 점을 알 수 있는 사례입니다.

차용증이 없어도
과세되지 않은 판례

반면 차용증이 없어도 차입금으로 인정받은 사례도 있습니다. 부부간에 돈이 수시로 오갔던 사례입니다. 국세청에서는 돈이 오가는 과정을 모두 증여로 보아서 증여세 4억 3,000만 원을 과세했지만 결국 취소된 사례입니다. 판결내용을 보면 중요한 이야기가 나옵니다. **"차용증서 없이 금전소비대차한 경우라도 실제로 금융 거래를 통해 상환해 변제가 된 객관적 사실만큼 구체적인 것은 없다"**라고 합니다. 결국 부부간에 돈이 오간 과정을 서로 간에 돈을 빌려주고 문제없이 상환한 것으로 인정해준 사례인데요. 다만 무이자로 빌린 부분에 대해서는 이자 부분이 증여세 과세 대상이라는 판결을 했습니다.

국심-2007-광-3472 심리 내용 일부

• 처분청이 차입액과 변제액 간에 차이가 발생한다고 주장하는 금액은 배우자 B 씨가 취득 부대 비용의 일부를 지급하면서 발생한 것으로, 당초 차입액의 3%에 불과하며 공동으로 부동산을 구입했던 사실이 전혀 없었던 청구인들이 2005.12~2006.05 기간에 부부 공동으로 부동산을 구입하면서 취득자금의 일부를 지급한 것은 이전에 차입했던 금액(5억 8,200만 원)을 상환하기 위한 것으로 보는 것이 부부별산제를 인정하는 우리 민법의 정신에 비추어 볼 때 합리적이라 할 것이다(국심-1998-

부-2274, 1999.03.31 같은 뜻).

- 따라서 차용증서 없이 금전소비대차한 경우라도 실제로 돈을 상환했다면 금융 거래를 통해 변제가 된 객관적 사실만큼 구체적인 것은 없다고 할 것이므로, 쟁점거래를 금전소비대차로 보아야 한다는 청구주장은 정당한 것으로 판단된다(국심-200-서-3492, 2003.02.06 같은 뜻). 다만 부부 간 금전무상사용에 대해 「상속세 및 증여세법」 제41조의 4의 규정에 따라 특수관계자 간 금전무상대부 등에 따른 이자 상당액에 대해서는 증여세를 과세해야 할 것이다.

확인한 판례에서 알 수 있듯이 차용증 여부로 실제로 대여한 금액인지를 판단하지 않는 것을 볼 수 있습니다. 그야말로 차용증은 입증의 신뢰성을 더 높여주는 정도의 역할을 할 뿐입니다. 차용증보다 더 중요한 것은 바로 이자지급과 상환내역입니다. 물론 이자율이나 상환방법, 기간에 대한 내용을 차용증에 작성하고 그대로 이행하는 것이 가장 이상적입니다.

차용증보다 더 중요한
두 가지

앞서 말씀드린 것처럼 현행법상 가족 간에는 돈을 빌려주고, 빌려오는 것을 기본적으로 인정하지 않습니다. 따라서 차용증과 더불어 알아야 할 중요한 두 가지가 있습니다. 바로 이자와 원금상환입니다. 즉 정기적으로 이자 또는 원금을 상환한 내역이 있어야 증여세가 과세되지 않습니다.

예를 들어 돈을 빌려오면서 차용증까지 완벽하게 작성하고 공증까지 받았다고 가정하겠습니다. 그러나 그 이후로 이자지급을 한 내역이 없거나 또는 원금이 전혀 상환되고 있지 않았다면 방금 판례처럼 증여로 볼 수밖에 없습니다. 따라서 적정한 이자율을 설정해 통장 거래로 이자지급을 한 내역을 확인할 수 있게 계좌이체 기록을 남겨놓는 게 가장 중요합니다.

그렇다면 이자는 얼마를 주어야 할까요? 가족끼리 돈을 빌리는데 은행보다 이자가 높다면 굳이 가족에게 돈을 빌리지는 않을 것입니다. 그렇다고 이자를 주지 않으면 그 부분에 대해서 증여로 볼 여지가 있어서 '**적정한**' 이자율을 설정해야 합니다.

세법에서 정해놓은 특수관계인 간 이자율인 4.6%보다 낮은 이자로 돈을 빌려준다면, 법정이자율로 계산한 이자금액과 낮은 이자율로 계산한 이자금액의 차액만큼은 이익을 증여받은 것으로 보아 증여세를 과세하도록 규정하고 있습니다. 다만 그 차액이 1,000만 원을 초과하지 않는다면 그 정도의 금액은 저리로 빌려줄 수 있다고 인정해주기 때문에 증여세가 과세되지 않습니다. 따라서 이러한 점을 이용해 이자율을 설정하면 됩니다. 이해를 돕기 위해 실제 숫자로 설명드리도록 하겠습니다.

부모님으로부터 주택매입자금으로 3억 5,000만 원을 차용하는 것으로 가정하겠습니다. 3억 5,000만 원에 대한 **법정이자율 4.6%**를 적용하면 이자금액은 **1,610만 원**으로 계산됩니다. 반면 3억 5,000만 원에 대해 **가족 간 실제 이자율을 1%**로 정한다면 지급할 이자금액은 **350만 원**입니다. 여기서 법정이자금액 1,610만 원과 실제 이자율로 계산한 이자금액 350만 원의 차액은 **1,260만 원**으로 계산되며, 1,000만 원을 초과하기 때문에 차액만큼은 증여받은 이익으로 보아 증여세가 과세됩니다. 차액이 1,000만 원보다 적으려면 최소 이자금액은 **610만 원**보다 많이 지급해야 되며, 이를 이자율로 계산하면 약 **1.75%** 이상으로 실제 이자율을 정해야 하는 것입니다.

참고로 법정이자율 4.6%를 적용했을 때 이자금액이 딱 1,000만 원이 되는 금액은 2억 1,739만 원입니다. 다시 말하면 2억 1,739만 원 이하의 금액을 빌리는 경우 무이자로 차용해도 무상으로 빌린 **'이자 부분'**에 대해서는 증여세가 과세될 여지가 없습니다. 다만 원금에 대한 상환 근거가 전혀 없다면 빌려온 돈에 대해서는 차용금으로 인정하기 어렵기 때문에 소액이라도 이자를 지급하거나 정기적으로 원금을 상환하는 내역을 남겨놓아야 세무조사 등을 대비할 수 있습니다.

여기서 끝난 게 아닙니다. 만약 자금출처조사 과정에서 준비한 근거자료를 바탕으로 차용금으로 인정받아 무사히 넘어가더라도 빌려온 돈을 완전히 갚을 때까지 국세청에서 지속적으로 관리한다는 점을 명심해야 합니다. 자금출처조사도 끝났으니까 이제 이자도 안

주고, 원금을 안 갚아도 될 것이라는 생각은 금물입니다. 매년 국세청에서는 '부채사후관리'라는 이름으로 전산에 등록된 채무에 대해 이자를 지급하고 있는지 그리고 원금을 상환하고 있는지를 점검하기 때문에 지속적인 관리 및 이행은 필수라고 할 수 있습니다.

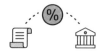

국세청은 다 알고 있다
- PCI 시스템

국세청은 대한민국 국가기관 중에서 엄청난 양의 정보를 소유하고 있는 기관입니다. 돈과 관련된 정보는 거의 국세청에서 소유하고 있다고 해도 과언이 아니지요. 이런 많은 양의 정보를 마냥 가지고만 있지 않습니다. 이 정보들을 체계적으로 활용하는 국세청의 'PCI 시스템'에 대해 말씀드리려고 합니다. 해당 시스템을 이용해 국세청은 보유하고 있는 방대한 자료를 가공하고 분석해 탈루에 관한 혐의점을 도출할 수 있습니다.

자금조달계획서도 세무조사의 시작점 중 하나이므로 PCI 시스템을 이용해 자체적으로 자금조달계획서를 분석해 얼마든지 세무조사 대상자를 선정할 수 있습니다. PCI 시스템은 '**소득·지출 분석 시**

P	C	I
재산증가Property	소비Consumption	소득Income
부동산, 주식, 차량 등	신용카드, 현금영수증	종합소득, 상속증여

● 표 2-8. PCI 시스템 소득 계산 예시

구분	2021	2022	2023	합계
소득	1억 원	3억 원	2억 원	6억 원
소비	5,000만 원	1억 2,000만 원	1억 3,000만 원	3억 원
잔여소득	5,000만 원	1억 8,000만 원	7,000만 원	3억 원

스템'이라고 하며 국세청이 보유한 과세정보를 바탕으로 일정 기간 동안의 소득과 지출 그리고 재산증가액을 비교 분석해 자금출처조사나 기타 세무조사 대상자 선정에 활용을 하고 있습니다. 표 2-7은 PCI 시스템의 뜻과 정보의 원천을 정리한 것입니다. 재산, 소비, 소득에 대한 정보는 모두 국세청에서 보유하고 있는 정보입니다. 수많은 과세자료가 전산화되고 있어 세금에 관해서 그만큼 투명해지고 있는 중이라고 이해할 수 있습니다.

PCI 시스템은 의외로 간단합니다. 일정 기간 벌어들인 소득에서 지출을 차감한 금액보다 증가된 재산이 더 많다면 탈루된 소득이 있다는 혐의가 도출되는 원리입니다. 표 2-8 같은 소득과 지출액을 토대로 계산했을 때 3년간 6억 원의 소득에서 3억 원의 지출을 차감하는 것으로 3억 원의 잔여소득이 도출됩니다. 그런데 이 3년간 재

● **PCI 시스템을 이용한 혐의 금액 도출**

산 증가로 갑자기 10억 원의 부동산을 취득했다면 단순하게 계산해서 잔여소득 3억 원을 뺀 나머지 7억 원에 대한 자금출처가 불분명하므로 혐의 금액을 도출할 수 있는 것입니다.

물론 국세청은 방대한 과세자료와 체계적인 시스템을 보유하고 있지만, 모든 국민에 대해 단 1원이라도 오차가 생기기만 해도 PCI 시스템을 이용해 전부 세무조사를 하지 않습니다. 다만 이런 시스템과 과정을 통해 탈루에 관한 혐의점을 찾을 능력을 가졌다는 점을 알고 있어야 합니다. 간혹 **'몇 년에 걸쳐서 조금씩 현금으로 찾아서 넘겨 주면 모를 것이다.'** **'이 정도 금액은 증여세 신고 안하고 돈을 넘겨도 문제되지 않는다.'** **'매출신고를 사실 그대로 하면 바보다.'** 등의 생각을 가진 분들이 있습니다. 이런 잘못된 생각으로 인해 나중에 세금 폭탄으로 한꺼번에 부메랑처럼 돌아올 수 있다는 사실 역시 간과해서는 안 됩니다.

알수록 돈이 되는 부동산 절세 전략

전 국세청 직원이 알려주는
자금출처조사의 모든 것

지인 또는 매체를 통해서 자금출처조사에 대해 한 번쯤은 들어본 적이 있을 것입니다. 세무조사를 받는 당사자나 저 같은 세무사 입장에서 대응하기 어려운 세무조사를 꼽는다면 바로 자금출처조사라고 말할 수 있습니다. 그 이유는 뒤에서도 말씀드리겠지만, 난도가 있는 세무조사이기도 하고 또 한편으로는 아무런 혐의 없이 자금출처조사를 진행하지 않기 때문입니다. 그냥 찔러보기식으로 세무조사 대상자를 선정하는 것이 아니라 앞에서 설명한 것처럼 정교한 PCI 시스템 분석을 이용해 혐의 금액을 도출하고 세무조사 대상자를 선정하는 것이기 때문에 그 자금의 원천을 소명한다는 게 사실상 쉽지 않습니다.

자금출처조사 대상자
어떻게 선정할까?

　자금출처조사를 받는 경로는 다양하지만 세 가지 정도로 추려볼 수 있습니다. 첫째는 자금조달계획서 검토 과정에서 혐의점이 발견되어 지자체 또는 한국부동산원에서 국세청으로 통보해 세무조사 대상자로 선정되는 경우입니다. 둘째는 국세청에서 자체적으로 PCI 시스템을 이용해 분석한 결과 대상자가 되는 경우입니다. 셋째는 탈세제보에 의해서 세무조사를 받는 경우입니다.

　이 외에 여러 경로가 있기에 당사자는 어떤 이유로 세무조사를 받는 것인지 알기가 어렵습니다. 대부분의 자금출처조사는 자력으로 취득하기 어려운 고가의 부동산을 취득하는 데서 발단합니다. 이 외에도 고가의 자동차를 취득하거나, 소득 대비 지출이 많은 경우나, 대출이 한 번에 상환되는 경우에도 그에 대한 자금출처조사가 이루어질 수 있습니다. 이 역시 PCI 시스템이 있기에 가능한 일들입니다.

자금출처조사,
실상 증여세 조사다?

　자금출처조사는 대표적인 증여세조사입니다. 즉 어떤 부동산을 취득했는데 본인의 소득으로는 취득이 어려운 부동산이라면, 그 취득자금을 누군가로부터 **증여**를 받아서 취득했다고 추정을 하고 시작하는 조사입니다.

부동산 취득으로 돈이 움직였다면 그 경로의 원점으로 돌아가 돈의 원천을 밝혀내는 게 세무조사입니다. 자금출처조사가 무서운 이유가 바로 이것입니다. 단순한 증여라면 증여세를 부과하는 것에서 끝나겠지만, 증여해준 사람의 자금원천이 불명확하다면 그에 대한 세무조사로 확장될 수 있기 때문입니다. 만약 세무조사를 통해 그 돈이 사업과 관련해 신고가 누락된 자금으로 밝혀진다면 증여세뿐만 아니라 부가가치세, 소득세, 법인세 등 추가적인 세금이 추징되기 때문에 그야말로 결과를 예측할 수 없습니다.

자금출처조사 잘못하면
온 가족 세무조사로 번진다?

이번에는 실제 세무조사의 사례를 통해 부동산 취득으로 발단한 사건이 어떻게 진행되었는지 알아보겠습니다. 사회초년생인 20대 아들은 신도시에 위치한 고가의 부동산을 취득하고, SNS를 통해 본인의 슈퍼카와 해외여행을 자랑하는 등 호화스러운 생활을 하는 사람이었습니다. 급여소득이 있었지만 소득 대비해 취득자금이 너무 크고, 호화스러운 생활을 자력으로 하기 어려운 것으로 판단되어 자

● 자금출처조사를 받게 된 사례 도식화

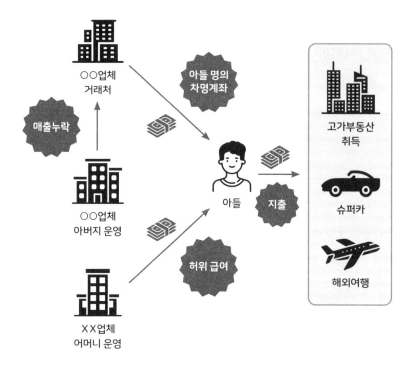

금출처조사를 받게 되었습니다.

　조사 과정에서 부동산취득자금으로 사용된 아들의 수상한 계좌가 발견되었고, 내용을 살펴보니 아버지가 운영하는 사업체에서 매출누락대금을 아들 명의 차명계좌로 입금한 정황이 포착되었습니다. 그리고 아들의 급여소득도 실제로 근무하지도 않는 어머니 회사에서 비용처리를 위해 아들에게 지급한 허위급여라는 사실까지 밝혀지게 됩니다. 이로 인해 아버지 명의 법인사업체에 대한 세무조사, 어머니 사업체에 대한 세무조사까지 진행되면서 부가가치세, 소득세, 법인세, 증여세와 이에 대한 가산세까지 포함해서 종합선물세트라고 할 수 있을 정도로 다양한 세목의 세금이 추징된 사례입니다.

물론 해당 사례는 극단적이고 악의적인 사례이지만 실제로 이런 일이 비일비재하게 일어나는 것이 현실입니다. 자금출처조사로 인해 본인의 사업체뿐만 아니라 다른 가족의 사업에 대한 세무조사까지 이루어질 수 있다는 점을 알려드리고자 해당 사례를 가져와 설명드리는 것입니다.

물론 모든 재산 취득이나 부채상환에 대해서 이를 증여받은 것으로 추정할 수는 없습니다. 따라서 나이나 금액에 따라서 증여로 추정하지 않는 증여추정배제금액 기준을 마련해놓고 있는데요. 그 기준은 표 2-9와 같습니다. 재산취득일 또는 채무상환일 전 10년 이내에 주택, 기타 재산, 채무상환금액이 표 2-9의 각 기준에 미달하고, 합계액이 총액한도에 미달한다면 증여로 추정하지 않습니다. 증여로 추정하지 않는다는 뜻은 소득 대비 높은 취득자금에 대해서 증여로 받은 것으로 볼 수 없고, 만약 증여로 과세를 한다면 과세관

● 표 2-9. 증여추정배제금액 기준 정리표

구분	취득재산		채무상환	총액한도
	주택	기타 재산		
30세 미만	5,000만 원	5,000만 원	5,000만 원	1억 원
30세 이상	1억 5,000만 원	5,000만 원	5,000만 원	2억 원
40세 이상	3억 원	1억 원	5,000만 원	4억 원

청에 **입증책임**이 있다는 의미입니다. 다시 말해 해당 재산이 증여인지 아닌지에 대한 입증을 납세자가 아니라 과세관청이 해야 하는 상황이라고 이해하면 됩니다. 그리고 만약 증여추정배제금액에 미달하더라도 실제로 누군가로부터 증여받은 사실이 확인되는 경우에는 증여세가 과세가 됩니다.

그리고 많은 분이 증여추정배제금액 이상의 부동산을 취득하거나 부채를 상환한 경우에 표 2-9의 금액을 차감한 금액의 자금출처만 소명하면 된다고 오해하는데, 그렇지 않습니다. 예를 들어 30세 이상인 사람이 취득자금이 불분명한 금액으로 5억 원인 주택을 취득했다면, 취득자금인 5억 원에서 증여추정배제금액인 1억 5,000만 원을 차감한 3억 5,000만 원에 대해 자금출처만 밝히면 된다고 착각하는 것입니다. 당연하게도 5억 원 전부에 대한 자금출처를 밝혀야 합니다. 다시 말해 증여추정을 배제하겠다는 의미는 10년간 재산 취득이나 채무상환한 금액이 표 2-9의 금액에 미달할 때 무조건 증여로 보지 않겠다는 의미이며, 실제 자금출처조사 과정에서 표 2-9의 금액 만큼을 입증된 금액으로 인정해준다는 의미가 아니라는 점을 꼭 알아야 합니다.

6월 1일에
모든 것이 결정된다

부동산의 취득, 보유, 매도와 관련해 매우 밀접하게 관련이 있는 날이 바로 6월 1일입니다. 아는 분들은 알고 모르는 분들은 전혀 생각하지 않는 이날은 보유세를 누가 내는지의 기준이 되는 날입니다. 즉 6월 1일을 기준으로 부동산을 소유하고 있는 사람은 재산세와 종합부동산세 납세의무자가 되는 것입니다.

윤석열 정부 이후 보유세 관련해서 완화 정책이 나오기는 했지만, 고액의 부동산을 소유했다면 재산세와 종합부동산세가 적지 않은 금액이기 때문에 전략적으로 보유세를 피해야 합니다. 매도를 하는 입장이라면 6월 1일 이전에 매도하는 것이 유리하고, 취득하는 입장에서는 6월 1일 이후에 취득하는 것으로 그해 보유세를 부담하지 않을 수 있습니다.

사실 보유세를 누가 납부하는지는 민감한 부분이기 때문에 매수인, 매도인이 보유세를 피하는 방법을 알고 있다면 계약서를 작성할 때 잔금일을 본인에게 유리하게 작성할 수 있습니다. 이쯤에서 문득 궁금한 부분이 생깁니다. 잔금이 정확히 6월 1일에 치러진다면 같은 날에 소유하고 있는 사람이 매도인, 매수인 2명인데 이때는 누가 세금을 내야 할까요? 정답은 매수인에게 과세가 됩니다. 과세 기준일의 시간은 0시부터 24시까지로 이 시간에 최종적으로 소유권을 가지게 된 매수인에게 재산세와 종합부동산세가 부과되는 것입니다.

이번에는 대표적인 보유세인 재산세에 대해 알아보도록 하겠습니다. 재산세는 토지, 주택, 건축물, 선박, 항공기의 보유 사실에 대해서 매년 **6월 1일**에 소유하고 있는 사람에게 과세하는 보유세입니다. 즉 가지고만 있어도 내야 하는 세금인 셈입니다. 재산세는 보유 기간을 고려하지 않는 시점보유과세의 성격을 지니며 기간보유과세와 차이가 있습니다. 그리고 재산세의 과세 대상 물건이 공부상 등재된 현황과 사실상 이용 현황이 다른 경우에는 사실상 이용 현황에 따라 세금을 부과하게 됩니다.

재산세는 그 재산을 소유하고 있는 사람에게 부과되는 보유세라고 이야기했는데요. 그 소유자가 불분명할 때도 있습니다. 그래도 누군가에게는 재산세를 부과해야 하기 때문에 납부할 사람을 법에서 정해놓고 있습니다. 하나의 재산을 여러 명이 공동으로 소유하고 있는 경우에는 각 지분을 가지고 있는 사람에게 본인의 지분만큼 납세의무가 있습니다. 또는 누가 소유하고 있는지 알 수 없는 경우에는 그 재산을 사용하고 있는 사람에게 재산세를 부과하게 됩니다. 그리고 흔하게 발생하는 사례로 상속등기가 이루어지시 않은 제 6월 1일에 사망한 분의 명의로 되어 있는 재산이 있습니다. 아직 상속등기가 이루어지지 않고 실제 소유자가 누구라는 신고를 하지 않았다면 상속지분이 가장 많은 사람에게 과세가 되고, 지분이 동일한 경우에는 나이가 가장 많은 사람에게 부과됩니다.

그러면 재산세는 언제 납부해야 할까요? 재산의 종류에 따라 납부하는 시기가 다릅니다. **7월 16일부터 7월 31일까지는 주택재산세의 1/2, 건축물, 선박, 항공기**에 대한 재산세를 납부해야 하고, **9월 16일부터 9월 30일까지는 주택재산세의 1/2, 토지**에 대한 재산세를 납부해야 합니다. 참고로 주택재산세에 대해서는 특별히 7월과 9월 두 번에 나누어서 납부하도록 되어 있지만, 주택재산세의 산출세액이 10만 원 이하라면 7월에 전액을 납부하도록 되어 있다는 것도 함께 알아두면 좋습니다.

재산세는 국토교통부장관이 매년 주택이나 토지에 대해서 적정가격을 조사하고 산정해 공시하는 공시가격을 기준으로 책정됩니다. 일반적으로 공시가격은 실제 거래되는 시세보다 낮게 산정되는데, 문재인 정부 시절에는 정책으로 인해 공시가격이 매년 가파르게 상승하던 시기가 있었습니다. 따라서 보유세에 대한 부담이 높아질 수밖에 없었습니다. 그래도 다행히 재산세에는 급격하게 세부담이 오르는 것을 방지하고자 전년도 납부한 세금에서 일정 비율까지는 부과하지 않도록 하는 세부담상한제를 마련해놓고 있습니다.

● 표 2-10. 재산세 세부담상한율 정리표

구분	주택			법인주택, 토지, 건물
	3억 원 이하	3억~6억 원	6억 원 초과	
상한율	105%	110%	130%	150%

 절세 원칙 QnA

Q. 주택을 올해 8월에 팔았는데 9월에 재산세가 나왔습니다. 왜 나온 건가요?

A. 재산세 납세의무자는 과세 기준일인 6월 1일의 소유자입니다. 과세 기준일 시점에 보유한 사람에게 그해의 재산세 납세의무가 발생하므로, 7월과 9월로 50%씩 분할 고지되는 주택재산세는 모두 매도자에게 납세의무가 있습니다. 따라서 맞게 고지된 것입니다.

Q. 직전 연도 대비 주택 공시가격이 하락한 경우에도 재산세가 인상될 수 있나요?

A. 그렇습니다. 앞서 말씀드린 바와 같이 재산세는 세부담상한제에 따라 직전 연도에 납부한 세액에 세부담상한비율을 적용한 세액과 공시가격을 기준으로 산출한 세액을 비교했을 때 적은 금액이 과세됩니다. 따라서 다음과 같이 공시가격이 하락했음에도 불구하고 재산세 납부금액이 전년도보다 더 높을 수도 있습니다.

구분		2022	2023	2024
주택공시가격		10억 원	12억 원	10억 원
상한비율		130%	130%	130%
①산출세액	①,②중 적은 금액	177만 원	225만 원	177만 원
②상한세액		130만 원	169만 원	219만 원
결정세액		130만 원	169만 원	177만 원

※ 2021년 재산세 결정세액 100만 원으로 가정

재산세, 제대로 알고 있나요?
- 주택재산세

앞에서 재산세의 전반적인 개요를 알아보았습니다. 이번에는 더 세밀하게 살펴보기 위해 주택에 대한 재산세를 구체적으로 알아보도록 하겠습니다.

재산세가 부과되는 주택은 세대의 세대원이 장기간 독립된 주거생활을 유지할 수 있는 구조로 된 건물의 전체 또는 일부와 그 건물의 토지라고 정의됩니다. 여기서 주택은 다시 단독주택과 공동주택두 가지로 구분합니다. 공동주택은 건물의 벽, 복도, 계단 등을 공동으로 사용하는 각 세대가 하나의 건물에서 각각 독립된 주거생활을할 수 있는 구조로 된 주택을 말하고, 그 외의 주택을 단독주택이라고 말합니다.

알수록 돈이 되는 부동산 절세 전략

재산세가 과세되는 주택의 범위와 취득세가 과세되는 주택의 범위에는 차이가 있습니다. 재산세에서는 사실상 주택인지를 판단해 과세하시민, 취득세에서는 공부상(등기부등본, 건축물대장 등) 주택으로 등재되어 있으면서 사실상 주택일 때 주택에 대한 취득세가 부과됩니다. 그리고 재산세는 사실 매년 고시되는 공시가격을 기준으로 부과하는 것이기 때문에 별도로 신고를 하거나 하지 않고 고지서를 받은 뒤 납부만 하면 되는 세금입니다. 또한 종합부동산세는 일정 금액이 넘어야 과세 대상이 되어서 주택을 보유하고 있더라도 종합부동산세 과세 대상이 아닌 경우가 많지만, 재산세는 주택을 보유만 해도 과세 대상이 되어 그 범위가 훨씬 넓습니다. 마지막으로 재산세는 보유 기간 동안 매년 납부하는 일종의 고정비용 같은 개념이라 주택을 취득해 보유하는 기간에 재산세가 어느 정도 나오는지 따져본 후 매도할 때와 비교해 정확한 세후수익을 따져볼 수 있습니다. 따라서 대략적이나마 재산세가 얼마나 나오는지를 미리 알아두면 좋습니다.

　앞에서 언급한 바와 같이 사실상 주택이라면 주택으로 보아서 재산세가 부과되는데요. 재산세는 국세청이 아닌 각 지방 시군구에서 부과하는 지방세이므로 세대의 주택 수가 몇 개이고 구성이 어떻게 되어 있는지 등의 자료를 지방자치단체가 먼저 수집합니다. 이후 재산세 부과내역 자료가 국세청에 넘어가면서 국세청도 세대의 주택 수를 파악할 수 있게 됩니다.

　그렇기 때문에 일단 주택으로 재산세가 부과되었다면 이는 주택으로 판단되었다는 의미입니다. 이러한 이유로 본인은 재산적 가치가 없어서 신경을 쓰고 있지 않고 있던 지방의 작은 건물이 주택으로 인정받아 재산세가 부과되어 1세대 1주택 비과세를 적용받지 못하는 사례도 종종 있습니다. 그렇기 때문에 재산세 고지서를 받으면 한 번쯤은 어떤 이유로 재산세가 부과되었는지 확인해볼 필요가 있습니다.

주택재산세
계산구조

앞으로 설명드릴 다양한 세금 중에서 재산세의 계산구조가 가장 단순합니다. 다음 계산구조를 보면 우선 주택에 대한 공시가격에 공정시장가액비율을 곱하는 것으로 계산이 시작됩니다. 공시가격 전부가 재산세의 기준이 되지 않고 공시가격의 공정시장가액비율인 60%만 계산됩니다. 즉 주택의 공시가격에서 60%만 재산세가 부과

● **주택재산세 계산 방법**

※ 공정시장가액비율: 토지 및 건축물(70%), 주택(60%)

주택공시가격	3억 원 이하	3억 원~6억 원	6억 원 초과
적용율	43%	44%	45%

된다는 의미입니다. 이렇게 계산한 금액이 과세표준이 되고, 여기에 세율이 적용되어서 재산세 산출세액이 계산되는 구조라 비교적 계산이 간단한 세금입니다. 이렇게 계산된 산출세액과 앞에서 설명드린 세부담상한율을 반영한 상한세액과 비교해서 최종적으로 납부할 재산세가 결정됩니다.

한편 2023년에 1세대 1주택에 적용되는 공정시장가액비율이 개정되었습니다. 방금 말씀드린 60%가 아니고 표 2-11과 같이 주택 공시가격에 따라 최저 43%에서 최고 45%가 적용됩니다. 즉 공정시장가액비율을 낮춤으로써 재산세 부담을 경감해주는 방향으로 개정되었습니다.

주택의
재산세율

주택에 대한 재산세 세율도 과세표준에 따라 높은 세율이 적용되는 누진세율구조로 되어 있습니다. 표 2-12와 같이 최저 0.1%에서 최고 0.4%의 세율이 적용됩니다.

그리고 1세대 1주택은 공정시장가액비율에서 혜택을 받는다고 말씀드렸는데요. 공시가격 9억 원 이하의 주택에 대해서는 더 낮은 세율을 적용받기 때문에 다주택자와 비교했을 때 재산세 부담을 상당히 경감할 수 있습니다. 이러한 특례세율은 2023년까지 적용될 예정이었지만, 3년 연장해 2026년까지 적용하기로 한 개정안이 발표되었습니다.

● 표 2-12. 주택재산세 기본세율 정리표

과세표준	세율	누진공제
6,000만 원 이하	0.1%	-
6,000만 원 초과 ~ 1억 5,000만 원 이하	0.15%	3만 원
1억 5,000만 원 초과 ~ 3억 원 이하	0.25%	18만 원
3억 원 초과	0.4%	63만 원

※ 별장: 4% 단일세율

● 표 2-13. 1세대 1주택 공시가격 9억 원 이하 재산세 특례세율 정리표

과세표준	세율	누진공제
6,000만 원 이하	0.1% → 0.05%	-
6,000만 원 초과 ~ 1억 5,000만 원 이하	0.15% → 0.1%	3만 원
1억 5,000만 원 초과 ~ 3억 원 이하	0.25% → 0.2%	18만 원
3억 원 초과 ~ 9억 원 이하	0.4% → 0.35%	63만 원

1세대 개념 및
주택 수

재산세에는 1세대 1주택에 한해 비교적 낮은 공정시상가액비율이 적용되고, 한시적으로 시행되는 것이지만 낮은 세율이 적용되기 때문에 유리한 측면이 많습니다. 따라서 주택 수 산정이 어떻게 적용되느냐에 따라 납부할 금액이 달라집니다.

재산세의 주택 수 산정은 각 세대원의 소유 주택 수를 합산해 진행되며, 주택의 일부 지분 소유 또는 주택의 부수토지를 소유한 경우에도 1주택으로 간주해 주택 수 계산에 포함합니다. 여기서 1세대의 기준은 주민등록표에 함께 기재된 가족(외국인 포함)을 1세대로 판단하지만, 주민등록표와 관계없이 동일세대 또는 별도세대로 인정하는 예외가 있습니다. 배우자와 미혼인 19세 미만의 자녀의 경우 실제로 세대를 분리해 따로 거주를 하더라도 동일세대로 간주해 주택 수를 산정하며, 65세 이상의 조부모 또는 부모를 동거봉양하기 위해 합가했다면 각각 별도세대로 인정되어 주택 수를 조절할 수 있습니다. 그리고 세대 전원이 90일 이상 해외로 출국한다면 본인 집의 주소에 형식상으로 친구나 친적 등 지인의 주소를 두는 경우가 있는데요. 이런 경우에도 별도세대로 인정받을 수 있습니다.

한편 1세대가 2주택 이상 소유하고 있더라도 일정 요건에 해당되는 주택은 신청에 의해 주택 수 산정에서 제외되어 1세대 1주택 특례세율을 적용받을 수 있습니다. 첫째로 상속받은 지 5년이 지나지 않은 주택입니다. 둘째로는 혼인으로 2주택 이상이 되는 경우입니다. 추가 설명을 드리자면, 혼인일로부터 5년이 경과하지 않은 주택을 주택 수에서 제외합니다. 마지막으로 기타 사원주택, 가정어린이집, 문화재주택, 기숙사 등 투기 목적이 아닌 주택은 주택 수에서 제외되어 특례세율을 적용받을 수 있습니다. 언급한 주택들은 자동으로 주택 수에서 제외되는 것이 아니며, 제외 신청을 해야 한다는 점을 함께 알아두어야 합니다.

주택재산세의
납부유예제도

일정한 소득이 없는 고령자이지만 주택을 한 채 가지고 있는 분이 많습니다. 따라서 매년 발생하는 재산세가 상당히 부담됩니다. 재산세는 별도의 수익을 내지 않아도 보유하고 있는 주택만으로 세금을 내야 하기 때문에 더욱 그렇습니다. 이런 사정을 감안해 2023년에 주택재산세 납부유예제도가 신설되었습니다. 다음 요건을 모두 충족하는 경우 해당 주택의 상속, 증여, 양도 시점까지 주택재산세의 납부를 유예해주는 제도입니다.

① 과세 기준일(6월 1일)에 1세대 1주택일 것
② 과세 기준일(6월 1일)에 만 60세 이상 또는 5년 이상 보유한 주택일 것

③ 직전 과세 기간 총급여 7,000만 원 이하(종합소득금액 6,000만 원 이하)일 것

④ 해당 연도 재산세(도시지역분 포함)가 100만 원을 초과할 것

⑤ 지방세와 국세 체납이 없을 것

해당 요건을 모두 충족하면 주택재산세 납부유예가 가능합니다. 중요한 점은 방문 신청에 의해서만 가능하고 매년 신청해야 합니다. 그리고 만약 납부유예가 되더라도 1주택이 아니거나 해당 주택이 양도, 증여, 상속이 되는 경우에는 납부유예가 취소되고 일정 이자 상당액을 더해서 납부하게 됩니다.

 절세 원칙 QnA

Q. 부부공동명의 주택이 있습니다. 주택을 2인 이상 공동소유하면 재산세 세액이 경감되나요?

A. 그렇지 않습니다. 주택재산세는 개별 또는 공동주택의 공시가격을 기준으로 과세표준을 계산해 세액을 산출한 뒤 공동소유인의 지분별로 나누기 때문에 단독소유일 때와 세액이 동일합니다.

Q. 1주택을 각각 소유한 남녀가 결혼해 1가구 2주택이 되었다면 재산세에서 1세대 1주택을 적용받을 수 있나요?

A. 조건을 충족한 경우에 한해 가능합니다. 혼인일로부터 5년이 경과하지 않은 주택이어야 하며, 혼인 전에 각각 최대 1개의 주택만 소유해야 합니다. 그리고 혼인 후 주택을 추가로 취득하지 않아야 합니다. 이때 시가표

준액이 가장 높은 주택을 1세대 1주택으로 적용받을 수 있습니다.

Q. 1주택을 소유하고 있고, 별도로 주택의 공유지분을 가지고 있습니다. 이 경우도 주택 수에 포함되나요?

A. 그렇습니다. 재산세 과세대장에 주택으로 기재되어 있는 주택에 대해 일부 지분을 소유한 경우라면 해당 지분은 주택 수에 포함됩니다.

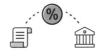

재산세, 제대로 알고 있나요?
– 토지·건축물 재산세

앞에서 주택에 대한 재산세를 알아보았습니다. 이번에는 주택이 아닌 경우의 재산세를 살펴보겠습니다. 주택에 대한 재산세는 건물과 토지를 함께 공시한 금액을 기준으로 해서 부과되는데요. 여기서 만약 주택으로 판단되지 않는다면 토지에 대한 재산세 그리고 건물에 대한 재산세로 나누어서 재산세 부과가 이루어집니다. 추가로 납부 기간을 설명드리자면, 건물에 대한 재산세는 7월, 토지에 대한 재산세는 9월로 구분해 납부합니다.

재산세 과세 대상인 토지는 과세 목적에 따라 종합합산토지, 별도합산토지, 분리과세토지로 구분해 과세합니다. 자세히 알아보겠습니다. 첫째, 종합합산토지입니다. 종합합산토지란, 토지의 역할을 하지 못하는 나대지, 잡종지, 무허가 건축물의 부수토지 같은 비사업용 토지를 말하는 것으로, 보다 높은 세율의 재산세가 부과됩니다. 둘째, 별도합산토지입니다. 종합합산토지와 상반되는 개념으로, 건물의 부수토지나 이용 목적에 따라 활용되는 토지이며 종합합산토지보다 낮은 부담의 재산세가 부과됩니다. 종합합산토지와 별도합산토지는 정반대인 것처럼 보이지만 둘 다 종합부동산세 과세 대상인 토지라는 공통점이 있습니다. 셋째, 분리과세토지입니다. 분리과세토지는 정책적인 목적에 따라 더 높은 세율이나 매우 낮은 세율을 적용할 필요가 있는 토지에 대해서 예외적으로 별도 기준에 근거해 분리과세를 하는 토지를 말합니다. 따라서 분리과세토지는 종합부동산세 과세 대상에서 제외됩니다.

다음으로 건축물에 대한 재산세입니다. 「지방세법」에서 판단하는 건물은 「건축법」에서 정의하는 건물과 차이가 있습니다. 「지방세법」에서 규정한 과세 대상의 건물은 우선 지붕이 있어야 하고, 벽이나 기둥을 갖춘 형태를 기준으로 판단됩니다. 따라서 건축허가를 받지 않은 불법 또는 무허가건축물이라 하더라도 「지방세법」에서 규정한 과세 대상의 건물 구조를 갖추었다면 재산세 과세 대상에 해당하는 것입니다. 재산세가 부과되는 건물의 판단에서 '지붕'이라는 요소가 필수조건이라 지붕이 없다면 건물로 볼 수 없다고 이해하면 됩니다.

알수록 돈이 되는 부동산 절세 전략

토지·건축물 재산세
계산구조

토지·건축물의 계산구조는 주택재산세 계산구조와 어느 징도 동일합니다. 단 공시가격에 적용되는 공정시장가액비율이 70%라는 점에서 차이를 보입니다. 가장 뚜렷한 차이점은 주택의 경우 소재지, 면적과 상관없이 1세대 1주택이라는 기준에 의해서만 다른 세율이 적용되어 비교적 계산이 간단하지만, 토지 또는 건축물은 용도, 위치, 기준규모 등 다양한 기준에 따라 각각 다른 세율이 적용되어 다소 복잡하다는 점입니다.

● **토지·건축물 재산세 계산 방법**

※ 공정시장가액비율: 토지 및 건축물(70%), 주택(60%)

토지·건축물의
재산세율

토지는 이용 현황이나 과세 목적에 따라 세 가지로 구분됩니다.

따라서 각 토지에 적용되는 세율도 다음 세 가지 표에서 보여주는 내용과 같이 각각 다릅니다. 세율만 보면 종합합산토지는 0.2~0.5%이고 별도합산토지는 0.2~0.4%로 차이가 없어 보이지만, 그 차이는 과세표준에 있습니다. 종합합산토지는 과세표준이 1억 원만 넘어도 최고세율인 0.5%가 적용되지만 별도합산토지는 과세표준 2억 원

● 표 2-14. 종합합산토지 재산세율 정리표

대상	과세표준	세율	누진공제
- 나대지, 잡종지 등 - 분리과세,별도합산에서 제외된 모든 토지	5,000만 원 이하	0.2%	-
	5,000만 원 초과~1억 원 이하	0.3%	5만 원
	1억 원 초과	0.5%	25만 원

● 표 2-15. 별도합산토지 재산세율 정리표

대상	과세표준	세율	누진공제
- 일반 건축물 부수토지 (무허가건물 부수토지 제외) - 자동차운송사업용토지, 운동시설용, 부설주차장용, 유통시설용 등	2억 원 이하	0.2%	-
	2억 원 초과~10억 원 이하	0.3%	20만 원
	10억 원 초과	0.4%	120만 원

● 표 2-16. 분리과세토지 재산세율 정리표

대상	세율
저율분리과세: 전, 답, 과수원, 목장용지, 임야	0.07%
고율분리과세: 고급오락장, 회원제 골프장용 토지	4%
일반분리과세: 이외의 기타 토지	0.2%

까지 가장 낮은 0.2%의 세율이 적용됩니다. 공시가격 3억 원의 예시를 들면 다음과 같습니다. **종합합산토지**인 경우 '3억 원 × 70% × 0.5% - 25만 원 = **80만 원**'이며 **별도합산토지**인 경우 '3억 원 × 70% × 0.3% - 20만 원 = **43만 원**'입니다. 즉 종합합산토지가 더 무거운 세부담을 가진다고 이해할 수 있습니다.

그리고 분리과세토지의 경우 농지, 목장, 임야 등의 토지에 대해서는 매우 낮은 세율(0.07%)을 적용함으로써 재산세에 대한 부담을 경감해주는 반면에 카지노, 회원제 골프장과 같이 사치성 목적의 토지에 대해서는 4%의 고율을 적용합니다. 다시 말씀드리지만 분리과세토지는 종합부동산세에서 과세 대상에 포함되지 않습니다.

건축물의 재산세율은 분리과세토지의 재산세율과 유사합니다. 건물의 용도나 위치한 지역으로 구분해 카지노(도박장), 회원제 골프장의 건축물에 대해서는 고율의 재산세가 부과되고, 공장용 건축물은 소재하는 위치에 따라 0.5% 또는 1.25%의 세율이 적용되며, 그 외 건축물에 대해서는 0.25%의 세율을 적용합니다.

● 표 2-17. 건축물 재산세율 정리표

대상	세율
고급오락장, 골프장용 건축물	4%
과밀억제권역 내 공장용 건축물	1.25%
특별시, 광역시(군제외), 시(읍·면 제외)의 주거지역 및 상업지역, 녹지지역의 공장용 건축물	0.5%
그 밖의 건축물	0.25%

정리하자면 재산세는 언제 살지, 언제 팔지, 증여를 할지, 상속으로 받을지, 금액은 얼마로 해야 하는지 등의 판단에 따라 부담할 세금이 천차만별로 달라질 수 있습니다. 다만 서두에서 이야기한 것처럼 재산세는 고정적으로 발생하는 비용의 일종이므로 대략적이나마 언제, 얼마의 세금이 나올 것이라는 정도의 예측을 할 수 있다는 점을 꼭 알아두어야 합니다.

영원히 식지 않을 뜨거운 감자
- 종합부동산세

2005년부터 시행된 종합부동산세는 양도세 못지않게 말도 많고 탈도 많은 세금입니다. 정권이 바뀔 때마다 혹은 부동산 시장의 상황이 바뀔 때마다 양도세와 더불어 부동산 정책에서 늘 언급하는 세금입니다. 한때는 정말 세금 폭탄이라고 할 정도로 종합부동산세 부담이 엄청났습니다. 그러나 윤석열 정부가 출범한 2023년부터는 세법 개정을 통해 상당히 부담이 줄어들게 되었습니다. 이번에는 종합부동산세에 대해 자세히 알아보도록 하겠습니다.

종합부동산세는 과세 기준일이 매년 6월 1일이라는 점에서 재산세와 동일합니다. 그러나 재산세는 시·군·구의 관할 구역 내의 토지와 주택을 대상으로 과세되는 세금이지만, 종합부동산세는 국가에서 정한 일정 금액 이상의 토지(종합합산토지, 별도합산토지)와 주택 보유자를 대상으로 소유한 모든 토지 및 주택의 공시가격을 종합해 합산한 가액에 재산세율보다 높은 누진세율로 과세하는 세금입니다. 이렇듯 재산세는 주택이나 토지를 보유한 모든 사람을 대상으로 한 세금이라고 한다면 종합부동산세는 토지 및 주택의 공시가격을 합산한 금액이 일정 금액을 초과해야만 납부 대상이 되기 때문에 그 대상의 수가 월등히 적습니다. 한마디로 보유세의 끝판왕이라고 표현할 수 있습니다.

얼핏 보면 재산세를 한 번 내고 다시 종합부동산세를 내면 이중과세가 아닌가 하는 생각을 할 수 있는데요. 종합부동산세를 계산하는 과정에서 1차로 냈던 재산세는 공제를 해줌으로써 이중과세가 되지 않습니다. 이에 대해 헌법재판소에서도 동일한 부동산이더라도 재산세 과세 부분과 종합부동산세 과세 부분이 나누어져 있어 이중세 문제는 없다는 합헌판결을 한 바 있습니다.

그러나 정작 종합부동산세를 내야 하는 입장에서는 그렇게 받아들이기가 쉽지 않습니다. 7월, 9월에 재산세를 냈는데 연말에 또 종합부동산세 고지서를 받는다면 결코 반갑지 않을 것입니다. 특히 종합부동산세에 불만을 보이는 이유 중 하나가 수익을 따로 내고 있지 않은 부동산을 보유만 해도 고소득자로 정의되어 세금을 내야 한다는 데 있습니다. 즉 전혀 소득이 없더라도 20억 원짜리 아파트 한 채를 보유하고 있는 것만으로도 부자에 속해져 세부담을 지어야 하는 데서 불만이 나옵니다.

알수록 돈이 되는 부동산 절세 전략

한때 하늘 높은 줄 모르게 계속해서 오르던 종합부동산세 때문에 가지고 있던 부동산을 팔아버리려고 해도 어마무시한 양도세가 떡하니 버티고 있어서 이러지도 저러지도 못하는 진퇴양난의 시기가 있었습니다. 그리고 동시에 부동산 가격까지 무섭게 오르고 있었기 때문에 결국 수입이 높은 고소득자들만 부동산 시장에서 버틸 수 있었습니다.

부정적인 시선을 받는 종합부동산세에는 순기능도 있습니다. 종합부동산세로 거두어들인 세금은 부동산교부세라는 명목으로 재정이 어려운 지자체를 중심으로 전액 배분됩니다. 재산세만 부과된다면 상대적으로 고가의 부동산이 밀집된 지자체에 세수가 쏠려 지자체별로 편차가 심해질 수밖에 없는데, 종합부동산세로 그 차이를 메꾸어 지방균형발전에 기여한다는 순기능이 있습니다.

종합부동산세
계산구조

종합부동산세의 계산구조를 표 2-18을 참고해 알아보도록 하겠습니다. 종합부동산세는 주택, 종합합산토지, 별도합산토지로 구분해 과세합니다. 우선 소유하고 있는 모든 과세 대상의 공시가격의 합계를 계산합니다. 여기서 재산의 구분별로 주택은 9억 원(1세대 1주택자는 12억 원), 종합합산토지는 5억 원, 별도합산토지는 80억

원을 공제하게 됩니다. 바로 이 공제 단계에서 종합부동산세 납세자

● 표 2-18. 종합부동산세 계산구조 정리표

구분	주택	종합합산토지	별도합산토지
공시가격 합계액	인별 주택 공시가격 합계액	종합합산토지 공시가격 합계액	별도합산토지 공시가격 합계액
(-)	(-)	(-)	(-)
공제금액	9억 원 (1세대 1주택 12억 원, 법인은 공제없음)	5억 원	80억 원
(×)	(×)	(×)	(×)
공정시장가액비율	60%	100%	100%
(=)	(=)	(=)	(=)
과세표준	주택 과세표준	종합합산토지 과세표준	별도합산 과세표준

● 표 2-19. 종합부동산세 세율 정리표

2주택 이하		3주택 이상		종합합산토지		별도합산토지	
과세표준	세율	과세표준	세율	과세표준	세율	과세표준	세율
3억 원 이하	0.5%	3억 원 이하	0.5%	15억 원 이하	1%	200억 원 이하	0.5%
6억 원 이하	0.7%	6억 원 이하	0.7%				
12억 원 이하	1.0%	12억 원 이하	1.0%				
25억 원 이하	1.3%	25억 원 이하	2.0%	45억 원 이하	2%	400억 원 이하	0.6%
50억 원 이하	1.5%	50억 원 이하	3.0%				
94억 원 이하	2.0%	94억 원 이하	4.0%				
94억 원 초과	2.7%	94억 원 초과	5.0%	45억 원 초과	3%	400억 원 초과	0.7%
법 인	2.7%	법인	5.0%				

가 되느냐 안 되느냐가 결정되는 것입니다.

즉 전국에 있는 본인 소유의 종합부동산세 과세 대상의 종류별 부동산 합계금액이 공제금액보다 낮다면 종합부동산세가 과세되지 않습니다. 일반적으로 주택의 공시가격이 실제 시세의 약 80% 징도로 형성되다 보니 주택에 대해서 종합부동산세가 발생하려면 시세로 대략 11억 원 이상이어야 하며, 1세대 1주택인 경우 15억 원 이상 되는 주택을 보유해야 종합부동산세를 납부한다고 이해할 수 있습니다.

이렇게 종류별 공제금액을 차감한 금액에서 재산세와 마찬가지로 주택에 대해서만 공정시장가액비율이 적용됩니다. 2023년에는 60%가 적용되었지만 이 비율은 변동가능성이 있어서 매년 같은 비율로 적용되지 않습니다. 공정시장가액비율을 적용한 금액이 과세표준이 되고, 여기서 보유 주택 수나 토지 종류에 따라 그에 맞는 누진세율이 적용됩니다.

한편 종합부동산세 부담이 커지는 원인은 세 가지로 정리할 수 있습니다. 첫째로는 계산의 시작이 되는 공시가격 자체가 높아지는 경우입니다. 둘째로는 일정 비율까지만 과세하는 의미의 공정시장가액비율을 높이는 경우입니다. 셋째로는 과세표준에 적용하는 세율이 오르며 최종적으로 계산되는 종합부동산세가 커지는 경우입니다. 실제로 이 세 가지 원인이 동시에 발생했던 시기도 있습니다.

주택 수의
계산

종합부동산세 계산과 재산세 계산에서 명확하게 차이를 보이는 부분은 주택 수가 세율에 영향을 미친다는 점입니다. 물론 앞에서 설명드렸던 것처럼 재산세도 1세대 1주택인 경우 한시적으로 특례 세율이 적용되기는 하지만, 2주택 이상부터는 동일한 세율이 적용됩니다.

종합부동산세는 2주택 이하인 경우와 3주택 이상인 경우로 나누어 다른 세율이 적용됩니다. 다만 세대 전체가 소유하고 있는 주택 수의 합으로 세율이 적용되는 것이 아니고, 개인별로 보유하고 있는 주택에 한정해서 세율을 적용할 주택 수를 계산합니다.

예를 들어 4인 가족이 모두 1채씩 주택을 보유하고 있다면 1세대 4주택에 해당되지만, 종합부동산세의 계산에서는 각 개인의 주택 수를 판정해 과세되기 때문에 각각 1주택을 보유하고 있는 것으로 보므로 2주택 이하의 세율이 적용되는 것입니다. 한편 개인이 보유한 주택이 1주택 이상이더라도 합산배제 대상인 주택이라면 주택 수에서 제외할 수 있으며 상속주택, 일시적 2주택, 지방 저가주택도 주택 수에서 제외합니다.

알수록 돈이 되는 부동산 절세 전략

1세대 1주택
혜택

1세대 1주택자에게는 다양한 부동산 관련 세금에서 특별히 혜택을 주는 경우가 대부분인데요. 종합부동산세도 마찬가지입니다. 종합부동산세 계산구조에서 알아본 바와 같이 재산 구분별로 일정 금액을 공제해주는데요. 주택은 기본 9억 원을 공제하지만, 1세대 1주택의 경우 3억 원을 추가해 12억 원을 공제해주는 혜택이 있습니다. 그리고 보유자의 연령과 보유 기간에 따라 산출된 세액에서 표 2-20의 세액공제율을 적용해주는 혜택이 있습니다.

● 표 2-20. 1세대 1주택 종합부동산세 세액공제율 정리표

한도	연령별 공제율			보유 기간별 공제율		
	60세 이상	65세 이상	70세 이상	5년 이상	10년 이상	15년 이상
80%	20%	30%	40%	20%	40%	50%

마지막으로 재산세 납부유예제도와 마찬가지로 다음의 요건을 갖춘 1세대 1주택자의 주택에 대한 종합부동산세액 납부를 12월 1일부터 12월 12일까지 신청에 의해 납부를 유예할 수 있습니다.

① 과세 기준일(6월 1일)에 1세대 1주택일 것

② 과세 기준일(6월 1일)에 만 60세 이상 또는 5년 이상 보유한 주택일 것

③ 직전 과세 기간 총급여 7,000만 원 이하(종합소득금액 6,000만 원 이하)일 것

④ 해당 연도 주택분 종합부동산세액이 100만 원을 초과할 것

⑤ 지방세와 국세 체납이 없을 것

종합부동산세의
분납

고액의 종합부동산세가 고지된다면 일시에 납부하기가 어려울 수 있기 때문에 분납제도를 마련해놓고 있습니다. 분납 역시 납부유예제도와 마찬가지로 신청에 의해서 가능합니다. 또한 납부해야 할 세액이 250만 원을 초과할 때 가능합니다. 납부할 세액이 500만 원 이하라면 1차에 250만 원 이상을 납부하고, 남은 세금은 다음 해 6월 15일까지 납부하면 됩니다. 납부할 세액이 500만 원을 초과한다면 1차로 세액의 50% 이상을 납부하고 남은 세금은 다음해 6월 15일에 납부하면 됩니다.

다른 세금의 분납의 경우 보통 2개월의 분납 기간을 주지만 종합부동산세는 무려 6개월의 분납 기간을 줍니다. 따라서 요즘 같은 고금리 시대에는 굳이 한 번에 납부하지 않고 분납제도를 적극 활용해 6개월간의 운용수익을 얻는 것이 좋습니다.

보유세의 끝판왕,
종합부동산세 절세 방법

주택에 대한 공시가격이 안정되고 있으며 윤석열 정부의 「종합부동산세법」 개정으로 완화된 규정이 적용되고 있기는 하나, 종합부동산세의 특성상 명칭 그대로 개인이 보유한 모든 주택을 종합해서 과세하는 구조이고, 여전히 다주택자에게는 높은 세율이 적용되고 있습니다. 그렇기 때문에 종합부동산세 과세 대상에서 배제할 수 있는 합산배제 대상 주택을 확인하는 것이 중요합니다. 가능하면 1세대 1주택자로서 높은 기본 공제와 추가 세액공제혜택을 받는 것이 종합부동산세 절세 전략이라고 할 수 있습니다. 과세 대상인 주택 수가 줄어야 종합부동산세도 줄어들기 때문입니다. 이번에는 종합부동산세가 비과세되는 합산배제주택과 일정 주택을 주택 수에서 제외해 1세대 1주택으로 보게 되는 경우를 알아보도록 하겠습니다.

합산배제가 된다는 의미는 앞에서 설명드린 바와 같이 소유하고 있는 전국의 모든 주택의 공시가격을 합산하는 과정에서 일정 요건을 갖춘 주택에 대해서는 합산하지 않는다는 의미입니다. 합산되지 않는 주택은 종합부동산세가 부과되지 않는 주택이라고 이해하면 좋습니다.

대부분의 합산배제 대상인 주택은 임대주택에 해당하는데요. 서민들의 주거안정과 주택공급을 장려하고자 하는 목적으로 임대주택의 종류별로 다음 요건에 해당하는 임대주택에 대해서는 종합부동산세를 과세하지 않는 혜택을 주고 있습니다. 다양한 종류의 임대주택이 있지만 표 2-21부터 표 2-24까지의 주택이 대부분을 차지한다고 이해하면 될 것 같습니다. 주택 종류별로 모두 서술하기에는 분량이

● 표 2-21. 건설임대주택의 배제 요건 정리표

주택 수	면적	공시가격	임대 기간	임대업등록	임대료
2호 이상	149㎡ 이하	9억 원 이하	5년 이상	2018.03.31 이전	증가율 5% 이하

● 표 2-22. 건설임대주택 중 장기일반민간임대주택의 배제 요건 정리표

주택 수	면적	공시가격	임대 기간	임대업등록	임대료
2호 이상	149㎡ 이하	9억 원 이하	8년 이상 (2020.08.18 이후 10년)	2018.04.01 이후	증가율 5% 이하

※ 2020. 07. 11 이후 단기민간임대주택에서 공공지원·장기일반민간임대주택 변경주택의 경우 합산배제주택에서 제외합니다.

알수록 돈이 되는 부동산 절세 전략

● **표 2-23. 매입임대주택의 배제 요건 정리표**

주택 수	면적	공시가격	임대 기간	임대업등록	임대료
1호 이상		6억 원 이하 (비수도권 3억 원 이하)	5년 이상	2018.03.31 이전	증가율 5% 이하

● **표 2-24. 매입임대주택 중 장기일반민간임대주택의 배제 요건 정리표**

주택 수	면적	공시가격	임대 기간	임대업등록	임대료
1호 이상	-	6억 원 이하 (비수도권 3억 원 이하)	8년 이상 (2020.08.18 이후 10년)	2018.04.01 이후	증가율 5% 이하

※ 2018.09.14 이후 1주택 이상 보유상태에서 조정대상지역에 새로 취득한 주택, 2020.07.11 이후 등록신청한 단기민간임대주택, 아파트 및 단기민간임대주택에서 공공지원·장기일반민간임대주택 변경주택의 경우 합산배제주택에서 제외합니다.

● **표 2-25. 기존임대주택의 배제 요건 정리표**

주택 수	면적	공시가격	임대 기간	임대업등록	임대료
2호 이상	국민주택 규모 이하	3억 원 이하	5년 이상	2005.01.05 이전	-

● **표 2-26. 미임대 민간건설임대주택의 배제 요건 정리표**

주택 수	면적	공시가격	임대 기간	임대업등록	임대료
1호 이상	149㎡ 이하	9억 원 이하	임대된 사실이 없고, 미임대 기간 2년 이내		-

● **표 2-27. 리츠·펀드 매입임대주택의 배제 요건 정리표**

주택 수	면적	공시가격	임대 기간	임대업등록	임대료
5호 이상	149㎡ 이하	6억 원 이하	10년 이상	2008.01.01~ 2008.12.31	-

● 표 2-28. 미분양 매입임대주택의 배제 요건 정리표

주택 수	면적	공시가격	임대 기간	계약 기간	임대료
5호 이상	149㎡ 이하	3억 원 이하	5년 이상	2008.06.11~ 2009.06.30 최초분양계약	-

※ 2020.7.11 이후 등록신청한 단기민간임대주택 및 아파트 또는 단기민간임대주택에서 공공지원·장기일반민간임대주택 변경주택 합산배제에서 제외합니다.

● 표 2-29. 임대주택 외 종합부동산세 배제 대상 주택

구 분	합산배제 요건
사원용주택	· 종업원에게 무상 또는 저가로 제공하는 주택 · 국민주택규모 이하 또는 공시가격 6억 원 이하
기숙사	· 학생 또는 종업원의 주거에 제공하는 주택
주택건설사업자의 미분양주택	· 주택신축판매업자가 보유한 미분양주택으로, 사용승인일로부터 5년이 경과하지 않은 주택
어린이집	· 관할세무서장으로부터 고유번호를 받고 5년 이상 운영되는 주택
대물변제주택	· 시공사가 시행사로부터 대물변제받은 미분양주택으로 받은 날부터 5년이 경과하지 않은 주택
연구원용주택	· 2008.12.31 기준 정부출연 연구기관이 보유한 연구원용 주택
등록문화재주택	· 「문화재보호법」에 등록된 문화재주택
노인복지주택	· 노인복지주택을 설치한 사람이 소유한 노인복지주택
주택건설사업자의 멸실목적 취득주택	· 주택건설사업자 등이 주택을 건설할 목적으로 취득해 3년 이내에 멸실 예정인 주택

많아 간략하게 종류와 요건을 정리하고 다음으로 넘어가겠습니다.

합산배제되는 주택은 대부분 표에서 소개한 임대주택이 해당하지만, 임대주택이 아니더라도 투기 목적으로 보유하고 있지 않는 것

알수록 돈이 되는 부동산 절세 전략

으로 인정되는 주택들에 대해서도 임대주택과 마찬가지로 합산되는 주택 수에서 배제해 종합부동산세를 과세하지 않습니다. 임대주택 외의 합산배제되는 주택은 표 2-29에 정리했습니다.

1세대 1주택자
주택 수 특례

1세대 1주택자에게 종합부동산세에 대한 혜택이 주어지기 때문에 1세대에 주택 수가 몇 개인지에 따라 과세 금액이 달라집니다. 비록 1세대가 보유하고 있는 주택 수가 2채 이상이더라도 1주택으로 적용해주는 경우가 있는데요. 네 가지를 설명드리겠습니다.

첫째, 본인이 **1주택과 다른 주택의 부수토지만**을 소유했다면 1세대 1주택자로 봅니다. 재산세에서는 주택의 부수토지도 1주택으로 간주해 2주택으로 적용되는 것과 다르게 종합부동산세에서는 1세대 1주택 혜택을 받을 수 있습니다. 그러나 본인이 1주택을 소유하면서 다른 세대원이 부수토지만 소유한 경우에는 적용되지 않는 점을 유의해야 합니다.

둘째, 1세대 1주택자가 기존 주택을 양도하기 전에 새로운 주택을 대체취득해 일시적 2주택이 된 경우 과세 기준일(6월 1일) 기준으로 새로운 주택을 취득한 지 **3년을 경과하지 않았다면** 해당 주택을 주택 수에서 제외해 1세대 1주택자로 봅니다. 뒤에서 자세히 살펴볼 양도세의 일시적 2주택 비과세특례와 차이점이 있는데요. 양도세 비과세를 받기 위해서는 기존 주택을 취득한 후 1년이 지나서 신규 주택을 취득해야 비과세가 적용되지만, 종합부동산세에서의 1세대 1주택 주택 수 특례를 적용할 때는 1년을 경과하지 않아도 비과세를 적용받을 수 있습니다.

셋째, 상속받은 주택입니다. 기본적으로 상속받은 이후 5년간은 상속주택 수에 상관없이 1세대 1주택 판정 시 주택 수에서 제외되지만, 상속주택에 대한 지분율이 40% 이하이거나 본인 지분율에 상당하는 공시가격이 수도권 6억 원, 비수도권 3억 원 이하라면 5년이라는 기간에 제한 없이 주택 수에서 제외할 수 있습니다.

넷째, 지방에 소재한 공시가격 3억 원 이하의 저가주택 1채는 주택 수에서 제외합니다. 여기서 지방이란, 수도권 밖의 지역 중 광역시, 특별자치시가 아닌 지역에 한정하며 광역시의 군, 특별자치시의 읍면 지역은 지방에 해당합니다.

다섯째, 주택공급 활성화 및 부동산 시장안정지원을 목적으로 2024년 1월 10일부터 2025년 12월 31일까지의 기간 중에 취득한 소형신축주택 또는 준공 후 미분양 주택은 주택 수에서 제외됩니다. 세부적인 요건은 표 2-30의 내용을 참고하면 좋습니다.

● **표 2-30. 소형신축주택 및 준공 후 미분양주택 주택 수 제외 요건 정리표**

	소형신축주택	준공 후 미분양주택
취득 시기	2024년 1월 10일~2025년 12월 31일	

준공 시점	2024년 1월 10일~2025년 12월 31일	-
면적	전용면적 60㎡ 이하	전용면적 85㎡ 이하
취득가액	수도권 6억 원 이하 비수도권 3억 원 이하	비수도권 6억 원 이하
주택소재지	수도권 또는 비수도권	비수도권
주택유형	아파트 제외	아파트 포함

종합부동산세를 절세하기 위해서는 주택 수를 줄이는 것이 핵심입니다. 다주택자는 종합부동산세가 부담된다면 합산배제되는 요건을 충족하는 것으로 절세가 가능합니다. 다만 의무임대하는 기간, 임대료 상한 등의 까다로운 조건도 함께 있으니 장기적인 계획을 두고 합산배제를 고려해야 합니다. 합산배제와 더불어 1세대 1주택자의 주택 수 특례를 받을 수 있는지를 한 번 확인하고, 이를 활용할 수 있다면 세율을 낮추고 종합부동산세의 세부담을 줄이는 방안을 찾아 낼 수 있을 것입니다.

3장

'세금 폭탄'과 '절세', 결정적 차이는 양도소득세에서 나온다

어렵지 않은 양도세
계산구조 핵심 정리

부동산 세금의 마지막 관문이 바로 양도세입니다. 부동산 처분 단계에서 발생하는 세금이기 때문입니다. 세무서에는 민원인이 직접 방문해 세금을 신고할 수 있게 마련해놓은 신고창구라는 곳이 있습니다. 홈택스에서도 세금 신고를 할 수 있지만, 컴퓨터에 익숙하지 않은 분들은 직접 손으로 세금 신고서를 작성하려 합니다. 그러나 막상 신고서를 보면 어디에 무엇을 써야 하는지 모르기 때문에 어려워합니다.

우선 양도세가 어떻게 계산되는지 살펴보겠습니다. 양도세 계산과정은 몇 번의 빼기(-)와 곱하기(×)로 구성되어 있어 어렵지 않습니다. 이해하기 쉽도록 양도세 계산구조를 그림으로 정리해보았습니

● 양도세 계산 흐름 도식화

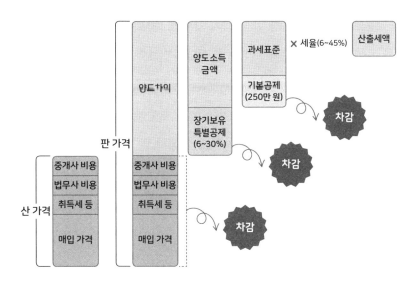

● 표 3-1. 양도세 계산구조 정리표

구분	양도가액	판 가격
(-)	취득가액	산 가격
(-)	필요경비	취등록세, 중개비, 법무사 비용 등
=	**양도차익**	
(-)	장기보유특별공제	6~30%(3년 이상 보유 시 적용)
=	**양도소득금액**	
(-)	기본공제	연간 250만 원
=	**과세표준**	
×	세율	6~45%
=	**산출세액**	

다. 그림과 표 3-1을 보면서 설명해보겠습니다.

양도세는 산 가격과 판 가격의 차이에 대해 내는 세금입니다. 예를 들어 2억 원에 사서 3억 원에 팔았다면 1억 원이라는 차액에 대해 세금 계산을 시작합니다. 반대로 3억 원에 샀는데 가격이 하락해서 2억 원에 팔았다면 오히려 손실이기 때문에 양도세는 전혀 발생하지 않습니다. 즉 양도세는 양도로 인해서 발생한 '이익'에 대해서 내는 세금이라는 개념입니다.

양도세 계산 과정에서 알아야 할 요소들

양도차익: 양도가액(판 가격) - 취득가액(산 가격) - 필요경비

가장 먼저 양도차익을 계산해야 합니다. 판 가격에서 처음에 샀을 때 가격과 취득세, 등록세, 중개사 비용, 법무사 비용 등 소요된 경비를 뺀 금액을 '양도차익'이라고 합니다. 양도세 신고서에는 취득가액과 필요경비를 구분하게끔 되어 있지만, 양도가액(판 가격)에서 차감되는 순서에서만 차이가 있기 때문에 이 둘을 구분하는 설명은 생략하도록 하겠습니다. 다음 표 3-2 예시를 통해 양도차익을 계산해보도록 하겠습니다.

취득가액이 3억 원이고 양도가액이 5억 원이라면 그 차액은 2억 원입니다. 여기서 취득세 및 등록세와 취득과 양도 시의 중개수수료,

● 표 3-2. 양도차익 계산 예시

구분	금액
양도가액(판 가격)	**5억 원**
취득가액(산 가격)	(-) 3억 원
취득세, 등록세 등	(-) 500만 원
중개수수료(취득 시)	(-) 100만 원
법무사 수수료(취득 시)	(-) 50만 원
중개수수료(양도 시)	(-) 150만 원
양도세 신고수수료(양도 시)	(-) 50만 원
양도차익	**1억 9,150만 원**

취득 시의 법무사 수수료, 양도할 때 양도세 신고수수료 등의 경비를
모두 차감한 1억 9,150만 원이 양도차익이라고 볼 수 있습니다.

 절세 원칙 QnA

Q. 대출을 받아 샀는데 이자 비용은 양도차익 산정에 반영이 안 되나요?

A. 안 됩니다. 양도차익을 산정할 때 차감하는 금액은 취득과 양도를 하
기 위해서 직접적으로 소요된 비용입니다. 이자 비용은 취득자금을 조달
하는 방식의 차이에서 발생하기 때문에 이자 비용이 발생하지 않는 분들
이 형평성에 문제를 제기할 수 있습니다. 또한 과도한 가계부채 증가를
막으려는 취지도 있어서 이자 비용은 양도세에서 비용으로 인정되지 않
습니다.

Q. 보유하는 기간 동안 부동산에 지출된 비용은 공제가 되나요?

A. 지출된 이유에 따라 공제가 될 수도 있고 되지 않을 수도 있습니다. 부동산의 가치를 상승시키는 성격의 지출이라면 공제가 가능하지만, 가치를 상승시키는 게 아닌 본래 기능을 유지하는 정도의 보수 성격의 지출이라면 경비로 인정되지 않습니다.

경비로 인정되는 항목	경비로 인정되지 않는 항목
• 본래의 용도를 변경하는 개조 비용 • 엘리베이터, 냉난방기 설치 비용 • 빌딩 등 피난시설 설치 비용 • 샤시 교체 비용 • 발코니 확장공사 비용	• 벽지, 장판 교체 비용 • 싱크대, 주방기구 교체 비용 • 외벽 도색작업 비용 • 보일러 수리 비용 • 조명, 타일, 변기 공사 비용

양도소득금액: 양도차익 - 장기보유특별공제

양도차익이 계산되었다면 다음으로 장기보유특별공제를 해당 금액에서 차감합니다. 부동산을 보유한 기간에 따른 혜택을 장기보유특별공제라 합니다. 최소 3년 이상(6%)부터 최대 15년까지(30%) 차등해서 공제를 받을 수 있습니다.

예를 들어 2014년 3월 20일에 부동산을 취득하고 2023년 1월 20일에 양도했을 때 양도차익이 1억 원이라고 가정하면, 보유 기간은 8년 10개월이므로 '8년 이상 9년 미만' 공제율인 16%를 적용해 1,600만 원을 공제하게 됩니다. 그리고 양도차익에서 장기보유특별공제를 차감해 계산한 금액을 양도소득금액이라고 합니다. 방금 사례에서의 양도소득금액은 8,400만 원으로 계산됩니다.

알수록 돈이 되는 부동산 절세 전략

보유 기간	공제율
3년 이상 4년 미만	6%
4년 이상 5년 미만	8%
5년 이상 6년 미만	10%
6년 이상 7년 미만	12%
7년 이상 8년 미만	14%
8년 이상 9년 미만	16%
9년 이상 10년 미만	18%
10년 이상 11년 미만	20%
11년 이상 12년 미만	22%
12년 이상 13년 미만	24%
13년 이상 14년 미만	26%
14년 이상 15년 미만	28%
15년 이상	30%

과세표준: 양도소득금액 - 기본공제액

양도소득금액까지 계산이 되었습니다. 이제 거의 다 왔습니다. 어렵지 않지요? 양도소득금액까지 계산이 되었다면 여기서 한 번 더 공제를 해주는데요. 같은 연도에 250만 원을 기본으로 공제해주는 기본공제액이 있습니다. 다음 그룹별로 양도한 자산에 대해서 한 번만 공제할 수 있습니다. 앞에서 계산한 양도소득금액에서 기본공제를 차감한 금액을 과세표준이라고 합니다.

① A 그룹: 토지, 건물, 부동산에 관한 권리, 기타 자산

② B 그룹: 주식 및 출자지분

③ C 그룹: 파생상품

산출세액: 과세표준 × 세율

양도세 계산의 마지막 관문인 세율입니다. 과세표준까지 계산되었다면 해당 금액에 세율을 적용하는 것을 끝으로 양도세가 계산됩니다. 양도세율은 정말 우여곡절이 많아 바뀔 가능성이 높습니다. 여기서는 부동산에 대한 세율만 설명하고 넘어가도록 하겠습니다. 우선 세율을 적용할 때 따져볼 것은 보유 기간과 무엇을 팔았는지를 확인하면 됩니다.

누진공제는 과세표준이 구간별로 세율이 다르게 적용되는 구조이기 때문에 계산의 편의상 전 단계의 낮은 세율 부분에 대해 공제해주는 금액입니다. 예를 들어 과세표준이 1억 원이라고 가정한다면 세율은 35%이고 누진공제액은 1,544만 원이므로 산출세액은 **1,956만 원**(=1억 원 × 35% - 1,544만 원)으로 계산됩니다.

● **표 3-4. 보유 기간 및 자산 종류별 양도세율 정리표**

양도 자산 \ 보유 기간	2년 이상	2년 미만	1년 미만
주택·입주권	기본세율	60%	70%
분양권	60%	60%	70%
그 외 자산	기본세율	40%	50%

알수록 돈이 되는 부동산 절세 전략

- **표 3-5. 양도세의 과세표준별 세율 정리표**

과세표준	세율	누진공제
1,400만 원 이하	6%	-
1,400만 원 초과 ~ 5,000만 원 이하	15%	126만 원
5,000만 원 초과 ~ 8,800만 원 이하	24%	576만 원
8,800만 원 초과 ~ 1억 5,000만 원 이하	35%	1,544만 원
1억 5,000만 원 초과 ~ 3억 원 이하	38%	1,994만 원
3억 원 초과 ~ 5억 원 이하	40%	2,594만 원
5억 원 초과 ~ 10억 원 이하	42%	3,594만 원
10억 원 초과	45%	6,594만 원

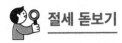 절세 돋보기

다주택자 양도세 중과배제 시행(2022.05.10~2025.05.09)

2022년 5월 10일 이전에는 조정대상지역에 2주택 이상 보유하다가 양도하는 경우 기본세율에서 2주택은 20%, 3주택 이상은 30%를 가산해서 세율이 적용되고 장기보유특별공제까지 적용할 수 없었습니다. 그러나 2023년 세법개정안에 따라 다주택자에 대한 양도세 중과가 2025년 5월 9일까지 배제되고 있어서 조정대상지역 내 다주택자여도 기본세율과 장기보유특별공제를 적용받게 됩니다.

1주택자는 무조건 받아야 할 양도세 비과세

양도세의 꽃이라고 할 수 있는 것이 바로 1세대 1주택 양도세 비과세 제도입니다. 대부분의 사람이 내 집 마련이라는 목표를 가지고 있는데요. 주택 한 채를 보유 중이거나 취득 예정인 경우 비과세 요건을 꼼꼼하게 숙지해 반드시 양도세 비과세를 적용받아야 합니다. 비과세의 가능 여부에 따라서 세금 차이가 수백만 원에서 수억 원까지 나기 때문에 여러 번 강조해도 지나치지 않다고 생각합니다.

비과세 요건이 단순하면서도 특별할 것은 없는데, 이 별것 아닌 요건을 충족하지 못해서 불이익을 받는 경우가 생각보다 흔합니다. 부동산 투자 수익을 극대화하는 데 있어서 비과세만큼 효과적인 것도 없습니다. 따라서 비과세만큼은 반드시 철저하게 공부하기를 권장합니다. 우선 1세대 1주택 양도세 비과세 요건은 다음과 같습니다.

① 거주자인 '1세대가' 양도일에 국내의 '1주택을 2년 이상' 보유 후 양도할 것
② 2017.08.03 이후 취득 당시 조정대상지역에 있는 주택에서 2년 이상 거주한 경우
③ 양도가액이 12억 원을 초과하는 경우 초과하는 부분에 대해서는 과세

모든 법은 입법을 할 때 취지라는 게 있습니다. 세부적인 법령을 아는 것도 중요하지만, 왜 이런 법이 생기게 되었는지 혹은 왜 개정되었는지 그 배경도 함께 알아두는 게 도움이 됩니다. 1세대 1주택에 대해 비과세를 해주는 취지는 1세대가 1개의 주택을 양도해 얻는 소득은 부동산 투기를 위한 자금 마련의 일환으로 해석하지 않는 것입니다. 또한 양도세를 부과하지 않음으로써 국민의 주거안정과 주거이전의 자유를 보장하려는 데 그 취지가 있습니다. 그래서 일정 요건을 규정해놓고 있는 것입니다.

양도세 비과세
핵심 키워드

비과세 요건을 살펴보면 핵심 키워드가 몇 개 있습니다. **'1세대'**

'1주택' '2년' 이 세 가지를 핵심 키워드로 꼽을 수 있습니다. 1세대와 1주택에 대해서는 뒤에서 더 자세하게 알아보도록 하겠습니다. 이번에는 '2년'에 대해 이야기해보겠습니다. 2023년 기준으로 조정대상지역이 대폭 축소되어서 서울은 용산구, 서초구, 강남구, 송파구 4곳만이 조정대상지역에 해당됩니다. 이 지역의 주택을 취득하는 게 아니라면 2년 이상 거주를 하지 않아도 비과세를 적용받을 수 있습니다.

거주 요건 판단 시 반드시 주의해야 할 점이 있는데요. 양도하는 시점에 조정대상지역의 주택이 아니라고 방심하면 절대 안 된다는 것입니다. 꼭 본인이 '취득하는 시점'에 조정대상지역의 주택이었는지를 따져보아야 합니다. 양도세는 사는 시점을 기준으로 과세를 판단하는 경우가 있고 파는 시점에서 과세를 판단하는 경우가 있어서 헷갈립니다. 여기서 '2년 이상 거주 요건'은 취득하는 시점(살 때)에 조정대상지역의 주택이었는지를 확인해야 합니다. 거주 요건 때문에 비과세를 받지 못하는 불이익을 피하기 위해서는 반드시 취득 또는 양도하기 전에 국토교통부의 조정대상지역(주택) 지정 및 해제 현황 확인이 필수입니다.

 **절세 원칙 QnA**

Q. 양도세가 비과세에 해당되더라도 신고를 해야 하나요?

A. 아닙니다. 양도세가 비과세되는 경우 예정신고 및 확정신고 의무가 없습니다(부동산거래관리과-1284, 2010.10.26). 따라서 비과세되는 주택으로 손실(양도차손)이 있더라도 같은 해에 다른 이익이 생긴 양도소득에서 차감하지 않습니다.

비과세되는
고가주택의 양도세

세법에서는 고가주택을 12억 원이라는 금액을 기준으로 해서 규정하고 있습니다. 종합부동산세의 경우 1세대 1주택자에 대해서 기준시가를 기준으로 12억 원을 공제하지만 양도세에서의 고가주택은 실거래가 12억 원을 기준으로 판단됩니다.

KB부동산에서 제공하는 자료에 따르면 2023년 4월 서울아파트 평균 매매 가격은 11억 9,944만 원이라고 발표되었습니다. 서울아파트의 평균 가격이 12억 원에 육박하다 보니 1세대 1주택이라고 하더라도 서울의 웬만한 서울아파트는 고가주택에 해당되어 12억 원을 초과하는 부분에 대해서는 비과세를 적용받을 수 없습니다. 이번에는 고가주택에 대한 양도세는 어떻게 계산되는지 산식을 통해 알아보도록 하겠습니다.

$$\text{양도차익} \quad \times \quad \frac{\text{양도가액} - 12\text{억 원}}{\text{양도가액}}$$

간혹 12억 원을 넘는 액수를 토대로 세금을 내야 한다고 생각하는 분들이 있는데요. 산식에서 나타나듯이 전체 양도차익에서 12억 원을 초과하는 부분이 전체 양도가액에서 차지하는 '비율만큼'을 과세하는 부분으로 계산됩니다. 반대로 비과세되는 부분은 **전체 양도가액에서 12억 원이 차지하는 비율이 비과세**가 되는 셈입니다. 이해를 돕기 위해 실제 금액으로 계산해보도록 하겠습니다.

양도가액이 15억 원이고 취득가액이 10억 원으로 5억 원의 양도차익이 발생했다고 가정하겠습니다. 이때 전체 양도차익 5억 원 중에서 12억 원을 초과하는 비율(20%)만큼은 과세가 되고, 반대 비율(80%)에 대해서는 비과세가 되는 양도차익으로 계산됩니다. 즉 양도차익 총 5억 원 중 1억 원은 과세, 4억 원은 비과세가 되는 것입니다.

양도차익까지 계산이 되었다면 다음 단계는 장기보유특별공제입니다. 양도세 계산구조에서 장기보유특별공제는 보유 기간에 따라 최대 30%까지 공제가 적용된다고 말씀드렸습니다. 그러나 고가주택에서는 더 까다롭게 적용됩니다. 고가주택에 대한 장기보유특별공제는 단순히 오래 보유한다고 해서 공제를 받을 수 있는 것이 아니라, 표 3-6과 같이 보유 기간과 거주 기간에 따라 다른 공제율

● 표 3-6. 고가주택에 대한 장기보유특별공제 정리표

구분	보유 기간(보유 기간 중 2년 이상 거주)	거주 기간
2년 이상	-	8%(3년 이상 보유 시 적용)
3년 이상	12%	12%
4년 이상	16%	16%
5년 이상	20%	20%
6년 이상	24%	24%
7년 이상	28%	28%
8년 이상	32%	32%
9년 이상	36%	36%
10년 이상	40%	40%

이 적용됩니다. 최대 80%까지 적용을 받을 수 있습니다.

예를 들어 6년 3개월 보유 중 3년 11개월을 거주했다면 보유 기간의 6년 이상 24%와 거주 기간 3년 이상 12%를 합한 36%의 공제율을 적용하게 됩니다. 장기보유특별공제 이후의 계산 방법은 양도세 계산구조에서 설명드린 것과 동일하게 기본 공제와 과세표준, 세율을 사용해 계산합니다.

비과세 핵심 키워드
– 1세대 개념 정리

양도세 비과세 핵심 키워드 중 또 다른 하나는 바로 '1세대'입니다. 1세대를 어떻게 보느냐에 따라서 비과세 가능 여부가 결정되기 때문에 1세대에 대한 개념을 정확하게 잡고 넘어가야 합니다.

비과세 핵심인
1세대란?

1세대란 본인 및 배우자가 동일한 주소에서 생계를 같이 하는 가족과 함께 구성하는 것을 뜻합니다. 여기서 생계를 같이 한다는 의미는 동일한 생활자금으로 일상생활을 하는 것을 의미한다고 볼 수 있습니다. 그리고 동일한 주소에서 생계를 같이 한다는 의미는 주민등록표상 같은 세대인지의 여부와 상관없이 실제로 생계를 같이 하는지를 따져보는 것입니다.

예를 들어 주민등록상 다른 세대로 되어 있더라도 사실상 한 세대 내에서 생계를 함께하며 동거하고 있다면 같은 세대로 봅니다. 반대로 주민등록상 같은 세대로 되어 있더라도 실제 거주와 생활을 별도로 한다면 별도 세대로 볼 수 있습니다. 따라서 단지 주민등록상에 어떻게 등재되어 있는지로만 1세대 여부를 판단하지 않는 점을 알아야 합니다.

1세대
판정기준일

1세대의 설명보다 더 중요한 부분이 바로 판정기준일입니다. 1세대에 해당하는지의 여부는 '**주택 양도일**'을 기준으로 판정합니다. 그렇기 때문에 아무리 주택 양도일 전에 세대분리를 충족해도 양도하는 날 기준으로 동일세대로 판정되어 2주택 이상에 해당한다면 비과세가 적용되지 않습니다. 또한 주택 양도일에 별도세대로 인정받기 위해 위장으로 세대를 분리했다가 다시 원래 세대로 전입했다면 실질적으로 별도세대를 구성했다고 볼 수 없다고 보아 비과세를 적용하지 않는다고 고지한 사례가 있으니 유의해야 합니다.

 절세 돋보기

실제 판례: 심사-양도2015-0020 국승

본인 1주택과 아들과 며느리 각각 한 채로 1세대 3주택인 상태에서 양도
하기 하루 전날 세대분리를 해서 위장전입한 후 비과세라고 주장했으나,
결국 비과세가 부인되어 양도세에 부정신고 가산세 40%까지 더해 과세
가 된 사례가 있습니다.

- 청구인 주장: 나는 세법은 잘 몰라서 부동산 중개업자가 알려준 대로
  한 것뿐이다. 일부러 위장전입을 한 것이 아니므로 40% 가산세는 부
  당하다.
- 국세청 의견: 1세대 1주택 비과세를 받기 위해 위장전입한 것은 명백한
  부정 행위로 40% 징벌적 가산세는 정당하다.

⇒ 국세청 승리로 비과세 부인, 양도세에 40% 가산세까지 치루어 세금
  폭탄을 맞은 사례입니다.

1세대와 별도세대
구분 요건

1세대 부분에서 가장 빈번히 문제되는 경우는 부모주택 한 채,

자녀주택 한 채 이렇게 2주택 이상이라면 자녀를 별도세대로 보아 1세대 1주택이냐 아니면 같은 세대로 보아 비과세가 적용되지 않는 1세대 2주택이냐에 대한 내용입니다. 참고로 배우자는 실제로 따로 살고 있더라도 별도세대로 인정되지 않지만 자녀는 세부적인 요건을 따져보아야 합니다. 실제로 자녀와 세대를 분리하고 따로 살고 있더라도 1세대로 보는 경우와 별도세대로 인정해주는 경우를 판단하는 기준은 자녀의 배우자 유무입니다.

먼저 자녀의 배우자가 있는 경우는 나이와 상관없이 독립된 세대로 인정되기 때문에 실제로 생계를 별도로 하는 경우 각각 1세대로 보게 됩니다. 물론 배우자가 있더라도 주민등록상으로만 별도로 되어 있고 사실상 한 세대를 구성해 동거를 하며 생계를 같이 한다면 당연히 별도 세대로 인정하지 않습니다.

배우자가 없는 경우 기본적으로 같은 세대로 보지만 다음의 요건 중 어느 하나라도 충족한다면 별도세대로 볼 수 있습니다. 물론 실제로 다른 주소에서 각자 생계를 유지하고 있는 경우에 요건을 충족하는지를 따져보는 것입니다.

① 나이가 30세 이상인 경우

② 배우자가 사망하거나 이혼한 경우

③ 19세 이상 30세 미만일 때 12개월간 경상적·반복적 소득이 중위소득을 12개월로 환산한 금액의 40% 이상인 경우(미성년자임에도 불구하고 결혼 및 가족의 사망 등 불가피하게 생계를 유지해야 한다면 1세대 구성 가능)

즉 해당 요건에 해당하지 않는다면 독립된 세대를 구성하고 보유하고 있는 주택을 관리 및 유지를 할만한 능력이 없다고 보아 별도세대로 인정하지 않습니다.

5년간 가구원 수에 따른 중위소득은 표 3-7과 같습니다. 30세 미만의 미혼인 자녀가 독립된 세대로 인정받기 위해선 중위소득의 40% 이상의 소득이 있어야 합니다. 미혼의 자녀이기 때문에 1인 가구의 소득으로 판단합니다. 2024년 세법 개정으로 소득 판정 기준이 구체화 됨에 따라 일시적인 소득은 제외되며, 반복적인 소득이라도 12개월간의 소득으로 판단하게 됩니다. 즉 세대분리를 위해서 12개월간 소득이 표 3-8의 가구별 중위소득의 12개월 환산 금액의

● 표 3-7. 2020~2024년 중위소득(1개월) 정리표

구분	2024	2023	2022	2021	2020
1인 가구	222만 8,445원	207만 7,892 원	194만 4,812 원	182만 7,831 원	175만 7,194 원
2인 가구	368만 2,609원	345만 6,155 원	326만 85 원	308만 8,079 원	299만 1,980 원
3인 가구	471만 4,657원	443만 4,816원	419만 4,701 원	398만 3,950 원	387만577원
4인 가구	572만 9,913원	540만 964원	512만 1,080 원	487만 6,290 원	474만 9,174 원
5인 가구	669만 5,735원	633만 688 원	602만 4,515 원	575만 7,373 원	562만 7,771 원
6인 가구	761만 8,639원	722만 7,981 원	690만 7,004 원	662만 8,603 원	650만 6,368 원

● 표 3-8. 2020~2024년 1인가구 중위소득 40%(12개월) 정리표

구분	2024	2023	2022	2021	2020
1인가구	1,069만 6,536원	997만 3,884원	933만 5,100원	877만 3,596원	843만 4,536원

40% 이상이 되어야 독립된 세대로 인정받을 수 있습니다.

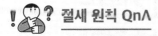 **절세 원칙 QnA**

Q. 배우자가 있으면 함께 살지 않아도 무조건 1세대로 보는 건가요?

A. 그렇습니다. 세법상 1세대 정의를 보면 "거주자 및 그 배우자"라는 말로 시작됩니다. 이는 두 가지 의미로 해석될 수 있습니다. 첫째로는 배우자가 있으면 1세대로 본다는 것이고, 둘째로는 배우자는 이혼을 하지 않는 이상 아무리 따로 떨어져 산다고 하더라도 배우자는 별도세대가 될 수 없다는 의미입니다. 간혹 비과세를 받기 위해 서류상 이혼을 하고 실제로는 같이 사는 소위 '위장 이혼'을 하는 분들이 있습니다. 이는 대부분 국세청 조사 과정에서 밝혀져 비과세가 부인되어 과세되는 사례가 많으니 주의해야 합니다.

비과세 핵심 키워드
– 1주택 개념 정리

1세대에 이어 양도세 비과세의 핵심 키워드인 '1주택'에 대해 알아볼 차례입니다. 어떤 것을 주택으로 인정하는지, 주택 수는 어떻게 계산하는지에 따라 비과세가 적용되고 안 되고의 차이가 생기기 때문에 주택에 대해서 정확하게 이해하는 게 정말 중요합니다.

주택이란, 공부상 용도 구분에 관계없이 세대원이 독립된 주거 생활을 할 수 있는 구조(출입구, 취사시설, 욕실이 세대별로 별도 설치)를 갖추고 사실상 주거용으로 사용하는 건물을 말합니다. 즉 무허가 건물도 구조를 갖추고 사실상 주거용으로 사용한다면 등기여부와 상관없이 주택으로 인정되고, 일시적으로 주택으로 사용하지 않더라도 구조 및 기능이 언제든지 주거용으로 사용 가능한 상태라면 주택으로 인정될 수 있습니다. 반대로 등기부상 주택으로 되어 있는 건물이더라도 폐가 상태에 가까워 주거용으로 사용할 수 없다면 이는 주택으로 보지 않을 수 있습니다. 등기부등본 및 건축물대장에 등재되어 있는지, 주택으로 되어 있는지에 부관하세 실제로 구조가 사용하고 있는 상태로 주택 여부를 판단한다고 이해하면 됩니다.

주택 종류에 따른 비과세 포인트

주택도 종류가 여러 가지인데요. 아파트부터 단독주택, 다가구·다세대주택, 상가주택, 오피스텔까지 각 주택의 종류별로 나누어 그에 따른 비과세 포인트를 설명드리도록 하겠습니다.

아파트

아파트는 가장 기본적인 공동주택으로, 구분된 호수별로 1주택에 해당되어 다른 종류의 주택보다 주택 판단 여부에 대한 이슈는 많지 않습니다. 따라서 아파트 부분에서는 다른 주택에도 동일하게 적용되는 공유지분에 대해 말씀드리도록 하겠습니다.

원칙적으로 주택을 여러 사람이 공동으로 소유하고 있다면 각각 1주택을 소유한 것으로 보게 됩니다(소득세법 시행령 154조의 2). 다만 공동소유자가 동일세대원이라면 지분 전체를 1주택으로 보게 됩니다.

여기서 공동소유 주택 관련해서 상속주택에 대한 특례를 두고 있는데요. 주택을 여러 명이 나누어 상속받는 경우 적은 지분만 소유하더라도 규정에 따라 각각 1주택을 소유한 것으로 보기 때문에 억울하게 비과세가 적용되지 않는 문제가 발생합니다. 그래서 상속주택의 경우 특별히 다음의 기준 순서에 해당되는 사람의 주택으로 보는 소유지분판정특례 규정이 있습니다.

① 상속지분이 가장 큰 상속인
② 상속지분이 가장 큰 상속인이 2명 이상인 경우 상속주택에서 거주하는 자
③ 최연장자

단독주택

단독주택에서 따져볼 사항은 바로 주택의 부수토지입니다. 모든 건물은 공중에 떠 있는 것이 아니기 때문에 토지가 반드시 있기 마련입니다. 일반적으로 단독주택을 양도한다면 주택건물과 토지를 함께 양도하게 됩니다. 여기서 단독주택을 양도할 때는 이 토지에 대해 무한정으로 비과세를 해주지 않습니다. 바로 건물이 정착해 있는 면적을 기준으로 일정 크기만 주택의 부수토지로 인정되어 비과세를 받을 수 있습니다. 즉 실제로 주택의 부수토지로 사용을 하더라도 주택 면적에 해당하는 범위까지만 비과세가 되는 부수토지로 인정되고, 초과하는 토지에 대해서는 과세가 된다고 이해하면 됩니다.

● 표 3-9. 비과세 되는 부수토지의 범위 정리표

도시지역			도시지역 밖
수도권		수도권 밖	
주거·상업·공업지역	녹지지역		
3배		5배	10배

 절세 원칙 QnA

Q. A 주택과 B 주택 단독주택 2채를 소유하고 있는 아버지가 A 주택의 '건물만' 다른 세대원인 딸에게 증여를 한다면 나머지 주택 B에 대해서 비과세가 될까요?(단독주택 사례)

A. 가능합니다. 1세대 1주택 비과세 판정 관련해 주택 수는 건물의 소유자를 기준으로 하기 때문에 아버지는 B 주택만 소유한 것으로 보아 1세대 1주택 비과세 요건을 충족한 경우 비과세가 가능합니다(재산세과-1970. 2008.07.28).

다가구주택

다가구주택과 다세대주택의 차이는 「주택법」에 나와있습니다. 법적으로 다가구주택은 단독주택으로 다세대주택은 공동주택으로 분류되며 건물 전체가 하나의 건물로 등기가 되었는지 또는 세대별로 구분해 등기가 되었는지에 대한 차이도 있습니다. 다가구주택으로 인정되는 요건은 다음과 같습니다.

① 주택으로 쓰는 층수가 3개 층 이하일 것

② 주택으로 쓰는 바닥 면적의 합계가 660m² 이하일 것

③ 19세대 이하가 거주할 수 있을 것

여기서 가장 문제가 되는 요건이 바로 주택으로 쓰는 층수입니다. 예를 들어 6층짜리 건물인데 1~3층은 상가로 사용하고 4~6층은 주택으로 사용한다면 4~6층을 하나의 주택으로 볼 수 있습니다. 하지만 등기부상 1~3층까지는 근린생활시설이라도 실제로는 일부를 주택으로 사용하고 있다면 주택으로 사용하는 층이 4개가 됩니다. 이때 주택으로 구분된 호실 하나하나가 모두 주택으로 계산되어 주택 수를 산정하게 된다는 점을 주의해야 합니다.

또 많이 문제가 되었던 게 옥탑방입니다. 옥탑방도 건물의 면적 대비해서 일정 크기를 넘는 경우에는 1개의 층수로 보게 되므로 작은 옥탑방 하나 때문에 전체 비과세의 가능성 여부를 좌지우지할 수 있습니다. 따라서 임대 수익을 더 벌 요량으로 불법건축으로 층수를 무리하게 올려서 주택으로 임대를 놓는 분들은 나중에 양도세에서 문제를 겪을 수 있으니 주의해야 합니다.

상가주택

상가주택의 비과세 여부를 알려면 먼저 주택면적과 상가면적을 따져보아야 하는데요. 상가주택의 양도가액이 12억 원 이하일 때 주택면적이 상가면적보다 큰 경우 건물 전체를 주택으로 보아 전체

건물의 비과세 적용이 가능하고, 상가면적이 주택면적보다 큰 경우에는 주택 부분만 주택으로 보아 해당 부분만 비과세가 됩니다. 하지만 양도가액이 12억 원을 초과하는 경우는 상가면적에 상관없이 무조건 주택 부분만 주택으로 봅니다.

● 표 3-10. 비과세 요건을 갖춘 상가주택의 비과세 적용범위 정리표

12억 원 이하		12억 원 초과
주택면적 > 상가면적	주택면적 < 상가면적	
건물 전체 비과세	주택 부분만 비과세	주택 부분만 비과세

오피스텔

말도 많고 탈도 많은 또 다른 하나가 이 오피스텔입니다. 실제로 1억 원도 안 되는 오피스텔 하나 때문에 비과세가 부인되어 7억 원 정도의 양도세를 부과받은 사례도 실무상 경험했습니다. 오피스텔은 원칙적으로 업무용이기 때문에 주택으로 보지 않습니다.

하지만 주변의 오피스텔의 보면 원룸처럼 거주용으로 사용하는 것을 어렵지 않게 찾아볼 수 있습니다. 앞에서 말씀드린 바와 같이 공부상 어떻게 되어 있는지로 판단하지 않고 실제 상시 주거용으로 사용하는지로 주택 여부를 판단합니다. 즉 반대로 오피스텔 1채만 소유하고 있는데 상시 주거용으로 사용했다면 해당 오피스텔을 주택으로 봅니다. 이러한 상황에서 비과세 요건을 충족하면 오피스텔도 비과세를 적용받을 수 있다는 해석도 가능합니다.

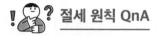 **절세 원칙 QnA**

Q. 양도하는 시점에서 비어 있는 오피스텔은 어떻게 판단하나요?

A. 이 경우 내부 시설이나 구조를 주거용으로 변경하지 않고 「건축법」상 업무용으로 사용 승인된 형태를 유지하고 있다면 주택으로 보지 않습니다. 하지만 내부 시설을 변경해 언제든지 주거용으로 사용 가능한 형태라면 주택으로 판단하게 됩니다(양도 집행기준 89-154-13).

다른 집으로 갈아탈까?
- 일시적 2주택

지금까지 양도세의 핵심이라고 할 수 있는 1세대 1주택에 대해 자세하게 알아보았습니다. 이를 바탕으로 예외 상황들을 하나씩 알아보겠습니다. 우선 대체주택 취득으로 인한 일시적 2주택에 대한 비과세부터 시작하도록 하겠습니다.

한 채 더 사고
비과세 받는 법

일반적으로 마련한 주택을 평생 보유하는 경우보다 다양한 이유로 다른 집으로 갈아타는 경우가 많을 것입니다. 문제는 원래 살고 있던 집을 먼저 팔고 다시 주택을 취득하는 경우 비과세 적용에 문제가 없겠지만 동시에 2주택을 보유하는 기간이 생긴다면 이야기가 달라질 수 있습니다. 이런 경우 비과세 핵심 키워드라고 설명드렸던 '1주택' 요건과 정면으로 충돌하게 됩니다. 비과세 규정 취지에서도 언급했듯이 부동산 구매가 투기 목적이 아닌 것으로 볼 때 세금이 부과되지 않습니다.

그래서 1세대 2주택이지만 일정 요건에 부합한다면 특별히 비과세가 되도록 마련해놓은 게 있습니다. 바로 소득세법 시행령 155조에서 규정하고 있는 '1세대 1주택의 특례 규정'입니다. 대체주택 취득으로 일시적으로 2주택을 보유하게 되었을 때 특정 요건을 충족한다면 비과세를 적용받을 수 있습니다. 이해를 돕기 위해 그림을 보면서 알아보도록 하겠습니다.

그림에서 ① 주택을 먼저 취득한 종전주택이라고 하겠습니다. 이 주택을 취득한 날로부터 '**1년 이상 지난 후**' 둘째 주택인 ② 주택을 취득하는 게 비과세 첫째 요건입니다. 이는 투기 목적이 아니라

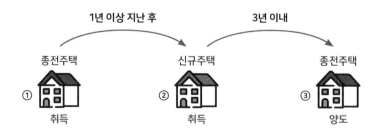

면 적어도 1년 이상은 1주택인 상태로 보유하라는 의미로 해석할 수 있습니다. 그리고 둘째 주택인 신규주택을 취득하고 '3년 이내' 먼저 취득했던 종전주택을 양도하는 것이 비과세를 적용할 수 있는 둘째 요건입니다. 둘째 요건도 마찬가지로 2주택을 보유하는 기간을 최대 3년까지만 인정해주겠다는 의미입니다.

절세 돋보기

'1년 이상이 지난 후'의 날짜 계산

일시적 2주택 비과세 요건 중 첫째 요건인 '1년 이상이 지난 후'에 대한 날짜를 어떻게 계산하는지 헷갈릴 수 있는데요. 이 날짜를 계산할 때는 첫째 주택을 취득한 날 당일은 계산에서 빼고 1년을 계산하도록 되어 있습니다. 예를 들어 12월 30일부터 1년 이상이 지난 후는 12월 31일을 의미하는 것입니다(법령해석재산-0273, 2017.11.9).

일시적 2주택 비과세 조건은 현재 방금 설명드린 규정이 적용되고 있지만, 불과 몇 년 전에만 해도 해당 주택이 있는 곳이 조정대상지역인지에 따라서 1년 안에 종전주택을 팔고 새로운 주택으로 이사를 가야만 비과세를 적용할 수 있도록 시행되었습니다. 즉 매물을 내놓아도 팔리지 않을 정도로 부동산 시장이 얼어붙은 상황에서 비과세 요건을 충족하지 못해 울며 겨자 먹기로 세금을 내야 했었습니다. 그러다가 현재의 3년 이내 양도 시 비과세가 되는 것으로 개정이 되었습니다. 심지어 다주택자는 마지막 한 채가 남은 날로부터 보유 기간을 새롭게 계산을 해서 2년 이상 보유해야지 비과세를 받을 수 있게 했었던 때도 있었습니다. 다주택자로서는 앉아서 당할 수밖에 없었던 암울한 시기였지요.

부동산 관련 정책은 정권에 따라 또는 경제 상황에 따라 살아 있는 생물처럼 수시로 변화합니다. 그래서 부동산을 전문적으로 투자하는 사람이 아니더라도 주택을 보유하거나 보유 예정이라면 늘 부동산 정책에 관심을 두고 꾸준히 공부해야 합니다.

알수록 돈이 되는 부동산 절세 전략

우리 결혼해도 될까요?
– 혼인으로 인한 1세대 2주택

2023년 통계청 자료에 따르면 지난 10년간 혼인율은 우하향하고 있습니다. 즉 결혼하는 사람이 줄고 있다는 의미인데요. 결혼을 하지 않으니 출산율도 저조할 수밖에 없는 현실입니다. 그리고 경우에 따라 결혼식은 하고 정작 혼인신고를 하지 않는 일명 '위장미혼'을 하는 사람들까지 생겨났습니다. 혼인신고를 하면 대출이나 청약에서 불리하기 때문입니다.

그렇다면 양도세에서는 결혼이 어떠한 영향을 줄까요? 이번에는 대체취득에 의한 일시적 2주택 비과세 요건과 유사한 혼인으로 인한 1세대 2주택 비과세 규정에 대해 알아보도록 하겠습니다.

혼인 비과세 특례 규정
적용받는 방법

　1주택씩 보유하고 있는 남자와 여자가 각각 있다고 가정해보겠습니다. 결혼을 하지 않고 비과세 요건을 갖추어 주택을 양도하면 각각 비과세를 적용받을 수 있습니다. 그런데 둘이 결혼을 하게 되면 1세대 2주택이 되기 때문에 비과세 요건을 충족할 수 없게 되는데요. 이런 상황이 발생하면 양도세가 혼인을 막는 꼴이 되기 때문에 이 경우에도 특별히 비과세 규정을 두고 있습니다. 이번에도 그림을 보면서 설명드리겠습니다.

　다음 그림과 같이 각각 1주택씩 보유하고 있는 남녀가 결혼해서 1세대 2주택이 되었다고 하더라도 혼인일로부터 '5년 이내'에 먼저 양도하는 주택에 대해 비과세 적용이 가능합니다. 물론 1세대 1주택 비과세 요건은 당연히 충족한 주택에 대해 적용됩니다. 특례 규정에 의해 비과세를 적용받아 양도한 후 남은 주택 역시 비과세 요건을 충족했다면 다시 비과세를 적용받을 수 있습니다.

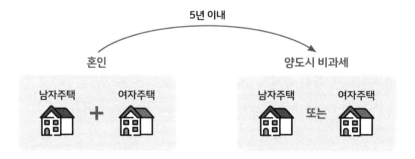

일시적 2주택 비과세 특례와 혼인에 따른 비과세 특례가 함께 적용되는 경우는 어떻게 될까요? 다음 그림과 같이 남자가 주택 A를 보유한 상태에서 1년이 지난 후 새로운 주택 B를 취득한 후 1주택을 보유하고 있는 여자와 혼인으로 3주택이 되었을 때 일시적 2주택 비과세 특례에 따라서 남자가 주택 B를 취득한 날로부터 3년 이내에 종전주택인 남자의 주택 A를 양도하는 경우 비과세를 적용받을 수 있습니다(부동산거래관리과-421, 2012.8.10). 더불어 남자주택 A를 양도한 이후 신규주택인 남자주택 B 또는 여자주택을 혼인일로부터 5년 이내에 양도하는 경우 혼인합가로 인한 비과세 특례를 적용받을 수 있습니다.

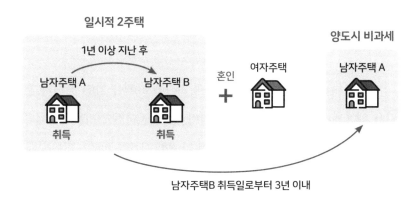

이어서 다음 사례는 1주택 남자와 1주택 여자가 혼인한 이후에 여자가 새로운 1주택을 취득하면서 1세대 3주택이 되는 경우입니다. 이 경우에도 여자의 종전주택을 양도하면 비과세가 가능합니다. 다만 비과세를 적용받을 수 있는 두 가지 양도 기간을 따져보아

야 합니다. 혼인일로부터 5년 이내의 기간과 여자의 새로운 주택 C
를 취득한 날로부터 3년 이내의 기간 중 남은 기간이 짧은 기간 내
에 양도하면 비과세를 적용받을 수 있습니다(법령해석재산-0737,
2020.06.22).

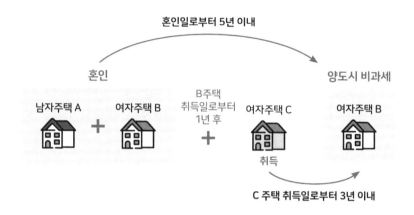

다음 그림의 사례는 일시적 2주택 비과세 요건을 가진 남녀가 혼
인을 해 1세대 4주택이 된 경우입니다. 앞서 일시적 2주택 비과세와
혼인합가 비과세 특례가 중복 적용이 가능한 사례를 말씀드렸는데요.
그림과 같은 경우 남자주택 A 또는 여자주택 A를 양도했을 때 비과
세 특례가 적용되지 않습니다(부동산거래관리과-108, 2010.01.20). 다
만 남자주택 A 또는 여자주택 A를 양도해 과세를 한 후, 남은 3개의
주택에 대해서는 일시적 2주택 비과세와 혼인합가 비과세 특례가
중복 적용되는 비과세 특례가 가능합니다.

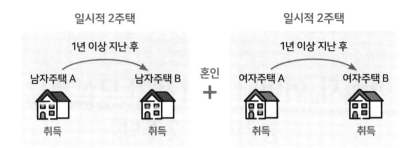

아버지, 어머니 이제 제가 모실게요 – 동거봉양 2주택

혼인으로 인한 1세대 2주택 비과세 특례와 유사한 규정이 있습니다. 바로 노부모를 동거봉양하기 위해 세대를 합침으로써 1세대 2주택이 된 경우에도 주택이 두 채이지만 특별히 비과세를 적용해 주는 규정입니다.

요건은 비교적 간단합니다. 1주택을 보유하고 1세대를 구성하는 자가 1세대를 보유하고 있는 60세 이상의 직계존속을 동거봉양하기 위해 세대를 합침으로써 1세대 2주택이 된 경우, 세대를 합친 날로부터 10년 이내 먼저 양도하는 주택에 대해 비과세를 적용받을 수 있습니다. 여기서 혼인으로 인한 2주택 비과세 특례와 다른 점은 크게 두 가지입니다. 하나는 부모 중 한 분의 나이가 60세 이상이어

야 한다는 나이 요건, 나머지 하나는 5년이 아닌 10년이라는 양도기
한이 주어진다는 점입니다.

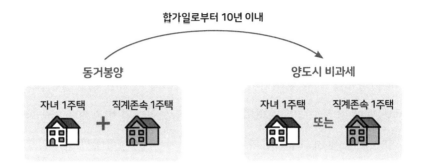

노부모 동거봉양
비과세 특례 규정 적용 사례

직계존속의 범위는 세대주 본인의 부모 및 조부모뿐만 아니라 배
우자의 부모 및 조부모도 포함하며, 이들 중 어느 한 명이라도 60세
이상인 경우 비과세 특례를 받을 수 있습니다. 또는 60세 미만이라고
하더라도 결핵, 희귀난치성, 중증질환의 요양급여를 받는 직계존속
과 합가한 경우 나이 요건에도 불구하고 비과세가 가능합니다.

여기서 만약 1주택을 가진 아들과 1주택을 가진 부모가 세대를
합친 후 분가를 했다가 나중에 다시 세대를 합쳤다면, 어느 날을 기
준으로 10년을 계산해야 할까요? 이 경우 **최종적으로 합친 날**을 기

준으로 10년 이내 비과세 요건을 갖춘 1주택을 양도하는 경우 특례 규정이 적용됩니다.

일시적 2주택자가 동거봉양 합가로 3주택이 될 수도 있습니다. 다음은 일시적 2주택인 자녀가 동거봉양을 위해 1주택을 보유한 부모와 합가한 경우 비과세 적용 요건입니다. 기본적으로 일시적 2주택 비과세를 받기 위해서 신규주택인 자녀의 주택 B 취득일로부터 3년 내에 종전주택인 자녀의 주택 A를 양도한다면 비과세가 가능합니다. 더불이 자녀주택 B와 부모주택 C가 남은 상황에서 합가일로부터 10년 내에 양도하는 주택에 대해서는 동거봉양 합가특례에 따라 비과세를 적용받을 수 있습니다.

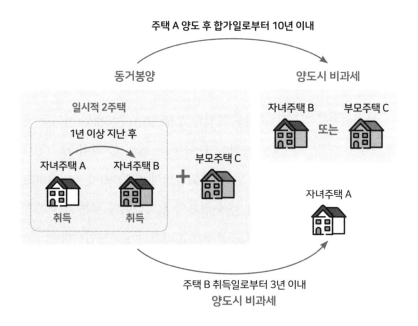

알수록 돈이 되는 부동산 절세 전략

다음 사례도 앞의 사례와 어느 정도는 유사하다고 볼 수 있는 케이스입니다. 각각 1주택을 소유하고 있는 남녀가 혼인으로 2주택이 된 이후, 1주택을 소유한 부모와 동거봉양을 위해 세대를 합침으로써 1세대 3주택이 되었다면 혼인일로부터 5년 이내 양도하는 남자주택 A 또는 여자주택 B에 대해서는 비과세를 적용할 수 있습니다.

이후 남은 남자주택 A 또는 여자주택 B와 부모주택 C 중에서 동거봉양 합가일로부터 10년 내 양도하는 주택에 대해서도 비과세를 적용받을 수 있습니다.

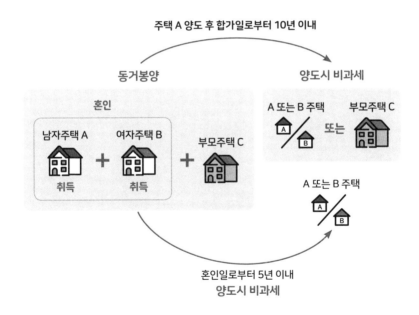

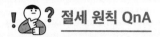 **절세 원칙 QnA**

Q. 동거봉양 비과세가 불가능한 경우도 있나요?

A. 동거봉양으로 세대를 합친 후 부모가 보유하고 있던 1주택을 자녀가 증여받는 경우, 증여받은 주택에 대해 특례 규정이 적용되지 않습니다. 다만 본인 세대가 원래부터 보유하고 있던 주택을 10년 내 양도하는 경우 특례 규정이 적용됩니다.

알수록 돈이 되는 부동산 절세 전략

집 한 채를 상속받았습니다
- 상속 2주택

대체 주택취득으로 인한 일시적 2주택인 사례만큼 흔하게 발생하는 사례가 바로 부모님의 사망으로 주택을 상속받음으로써 2주택이 되는 경우입니다. 흔히 상속주택이라고 하지요. 상속은 본인의 의지와 상관없이 2주택이 되기 때문에 특별히 2주택이지만 기존에 가지고 있던 본인의 **일반주택**을 양도한다면 상속받은 주택은 없는 것으로 보아 1세대 1주택 비과세 혜택을 그대로 적용받을 수 있습니다. 다만 모든 상속주택에 대해 적용이 되는 것은 아니고 다음과 같이 일정 요건이 있습니다.

① 사망일 전 2년 이내에 돌아가신 분으로부터 증여받은 주택이 아닐 것

② 동일세대원으로부터 상속받은 주택이 아닐 것

③ 기존부터 일반주택을 보유한 상태에서 상속받은 주택일 것

원칙적으로 ②번 요건과 같이 동일세대원에게 상속받은 주택인 경우 1세대 2주택으로 비과세가 적용되지 않습니다. 즉 동일세대 여부에 따라 특례적용 여부가 달라지게 되는 것입니다.

상속 2주택 비과세 케이스 사례

비과세 사례: 동거봉양 중 상속주택을 받은 경우

앞에서 설명드린 사례처럼 동거봉양으로 세대를 합침으로써 2주택을 보유하고 있는 상태에서 사망으로 주택을 상속받는다면, 세대를 합치기 전부터 보유하고 있던 주택에 대해서는 상속주택으로 보아 비과세 적용이 가능합니다.

동거봉양

자녀 1주택 + 부모 1주택 → 일반주택 + 상속주택(사망) → 양도시 비과세

과세 사례: 상속주택을 먼저 양도하는 경우

상속으로 2주택이 되었다면 기존에 보유하고 있던 주택에 대해 받을 수 있는 비과세 혜택을 유지해주는 것이 상속주택 비과세 특례의 취지이기 때문에 종전주택이 아닌 상속주택을 먼저 양도한다면 1세대 2주택자에 해당되어 과세가 됩니다(서면인터넷방문상담4팀-1950, 2005.10.21).

별도세대

자녀 1주택 + 부모 1주택 → 일반주택 + 상속주택(사망) → 양도시 비과세 상속주택

응용 사례: 일반주택을 2채 보유 중 상속주택을 받은 경우

상속주택에 대한 1세대 1주택 비과세 특례 규정은 '양도 시점'을 기준으로 판정합니다. 따라서 상속 전에 2주택을 보유하던 중 상속주택 C를 상속받아 1세대 3주택이 되었을 때 이미 보유하고 있던 일반주택 A를 먼저 양도할 시 비과세가 적용되지 않습니다. 하지만

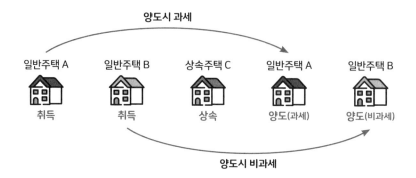

일반주택 A를 양도한 이후 일반주택 B를 양도하는 시점에서는 일반 주택과 상속주택만 보유하고 있으므로 일반주택 B에 대해서는 상속 주택 비과세 특례가 적용됩니다(부동산납세과-874, 2014.11.19).

이와 같은 사례를 기반으로 해서 일반주택이 2채 있는 경우에 두 주택이 과세된다고 가정해 양도세를 계산해보고 세금이 적게 나오는 주택을 먼저 양도한 뒤 나머지 일반주택을 양도해 비과세를 적용받는 것으로 양도 순서에 따른 절세방안을 마련할 수 있습니다.

조합원 입주권과 분양권은
똑같은 것 아닌가요?

조합원 입주권(이하 입주권)이나 분양권이란 말을 많이 들어보았을 것입니다. 두 단어의 이름이 '권'으로 끝나고, 새로운 부동산을 취득할 수 있는 '권리'를 뜻한다는 점 때문에 비슷한 단어처럼 보입니다. 실제로 두 용어를 혼동해서 사용하는 경우도 제법 많습니다. 이번에는 입주권과 분양권에 대해 알아보고 세금은 어떻게 적용되는지 알아보도록 하겠습니다.

입주권이란 「도시 및 주거환경정비법」에 따른 **관리처분계획의 인가** 및 「빈집 및 소규모주택 정비에 관한 특례법」에 따른 **사업시행 계획 인가**로 취득하는 '**입주자로 선정된 지위**'를 말합니다. '헌 집 줄게, 새집 다오'이런 노랫말처럼 입주권은 기존주택이 권리로 바뀌고 다시 신규주택으로 바뀌는 절차를 거치는 것입니다. 그렇기 때문에 청약통장이 필요 없고 조합원의 지위를 얻을 수 있는 헌 집이 필요합니다.

분양권이란 「주택법」 등 각종 법률에 따른 주택에 대한 **공급계약**을 통해 얻은 '**주택을 공급받는 자로 선정된 지위**'를 말합니다. 로또 청약이라는 표현을 들어본 적이 있을 것입니다. 당첨만 되면 프리미엄이 수억 원이 붙는다는 신문기사나 주변에서 하는 이야기를 한 번쯤은 들어보았을 텐데요. 소위 로또 청약으로 받게 되는 것이 분양권입니다. 분양권은 청약으로 당첨이 결정되므로 청약통장이 필요합니다.

입주권과 분양권의
차이점 세 가지

앞서 말씀드린 바와 같이 입주권, 분양권 모두 주택이라는 실체는 존재하지 않는 '권리'인 상태입니다. 그렇지만 그 권리를 양도하는 경우 큰 차이점을 보입니다. 어떤 차이가 있을까요?

1세대 1주택 비과세 적용 여부

우선 1세대 1주택 비과세 적용 여부입니다. 분양권은 부동산을 취득할 수 있는 권리에 불과하기 때문에 1세대 1주택 비과세가 적용될 여지가 전혀 없습니다. 그렇지만 입주권은 기존에 보유하던 주택이 권리로 바뀐 것이기 때문에 입주권을 1개 소유한 1세대가 입주권 외 다른 주택을 소유하지 않았다면 그 입주권을 양도한다면 **1세대 1주택 비과세**를 적용받을 수 있습니다. 단 주택에서 권리로 바뀌는 시점인 관리처분계획인가일을 기준으로 1세대 1주택 비과세 요건을 갖춘 입주권에 한해 적용을 받을 수 있습니다.

양도세율

다음으로 양도세가 과세가 되는 경우에도 세율 적용에서 표 3-11과 같은 차이가 있습니다.

● **표 3-11. 입주권 및 분양권 양도세율 차이 정리표**

구 분	입주권	분양권
2년 이상 보유	기본세율	60%
1년 이상 ~ 2년 미만 보유	60%	
1년 미만 보유	70%	70%

2년 이상 보유 후 양도하는 경우 입주권은 주택에 대한 양도세율과 동일하게 기본세율이 적용되지만, 분양권은 2년 이상 보유하더라도 단일세율인 60%의 세율이 적용됩니다.

취득세, 재산세, 종합부동산세

입주권은 당초 주택을 취득할 때 취득세를 납부해야 하고, 구주택이 멸실된 이후 입주권을 매수한다면 토지에 대한 취득세를 납부해야 합니다. 그리고 재건축, 재개발 등으로 신축주택의 완공 후 등기를 할 때 다시 취득세를 내야 합니다. 그러나 분양권은 준공되어 등기를 할 때 한 번만 취득세를 내면 됩니다.

그리고 보유세인 재산세와 종합부동산세는 권리상태인 분양권에는 당연히 과세가 되지 않지만, 입주권의 경우 멸실 전의 주택이라면 재산세와 종합부동산세가 부과되고 멸실 이후라면 토지에 대한 재산세를 납부해야 하는 차이점이 있습니다.

입주권과 분양권에 대한
비과세 적용 사례

1주택을 보유하고 있는 중에 청약에 당첨되어 분양권을 취득하거나 조합원 권리승계로 입주권을 취득하게 되는 사례가 많이 있습니다. 입주권과 분양권 모두 양도세를 산정할 때 주택 수에 포함되어 2주택으로 계산됩니다. 이런 경우에도 일시적 1세대 2주택 비과세와 마찬가지로 종전주택 취득 후 **1년이 지난 후** 입주권 및 분양권을 취득했다면, 해당 입주권 및 분양권을 취득한 날을 기준으로 **3년 이내**에 종전주택을 양도했을 때 비과세가 적용됩니다.

다음 그림은 일시적 1세대 2주택 특례가 동일하게 적용되어 입주권 및 분양권 취득 후 3년 이내 양도하는 경우 비과세가 적용된

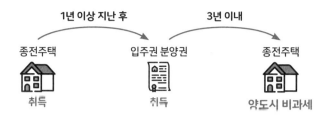

사례인데요. 만약에 신축되는 집으로 이사를 가려고 입주권 및 분양권을 취득했으나 건축이 지연되면서 3년 넘게 건물이 완공되지 않았다면, 과세를 피하기 위해 기존에 살고 있던 종전주택을 억지로 양도해야 하는 상황이 발생합니다. 이런 상황을 대비하기 위해 비록 3년이 경과하더라도 다음의 요건을 갖춘다면 3년 이후에 종전주택을 양도했을 때 비과세를 적용받을 수 있습니다.

① 준공 후 3년 내 신규주택으로 이사해 1년 이상 거주할 것
② 준공 전 또는 준공 이후 3년 이내에 종전주택을 양도할 것

4장

'부자 세금'의 탈을 쓴
증여와 상속이
당신의 돈을 노린다

증여와 상속은
무엇이 다를까?

고객분들이나 주변 지인들과 대화하다 보면 증여와 상속 두 단어를 혼용해서 쓰는 분이 의외로 많습니다. 증여와 상속을 구분 짓는 건 딱 한 가지인데요. 바로 **사망** 여부입니다. 사망일을 기준으로 하며, 사망일 전에 재산을 받았다면 **증여**를 받았다고 표현하고, 사망일 이후에 재산을 받았다면 **상속**을 받았다고 표현합니다. 증여와 상속을 혼동해서 "제가 우리 딸에게 올해 안에 상속을 해주고 싶어서 왔습니다"라고 말씀하는 분이 의외로 많습니다.

사실 민법에서는 상속에 대해서 세부적으로 규정하고 있는데요. 한국어가 맞나 싶을 정도로 이해하기 어려운 법률용어(유증, 사인증여, 유증자, 수증자, 낙성계약 등)로 내용이 구성되어 있지만, 우선은 세금 관점에서 최대한 단순하게 개념만 이해하고 넘어가도 좋습니다.

증여와 상속, 두 단어의 차이점을 이해했다면 다음으로 세금을 과세하는 방식에서의 차이를 알아보도록 하겠습니다. 대한민국의 경우 증여세는 **유산취득세 과세방식**, 상속세는 **유신세 과세방식**을 채택하고 있습니다. 용어가 생소하지요? 하나씩 천천히 설명드리도록 하겠습니다.

유산취득세 과세방식과 유산세 과세방식

증여세는 유산취득세 과세방식이라고 말씀드렸는데, 이는 재산을 받는 사람을 기준으로 각자 받은 만큼에 대해서 세금을 내는 방식입니다. 예를 들어 아버지가 3명의 아들에게 각각 10억 원씩 총 30억 원을 증여해주었다면, 3명의 아들은 각자 받은 10억 원에 대한 증여세를 계산해서 납부하는 방식이 유산취득세 과세방식입니다.

상속세는 유산세 과세방식을 취하고 있습니다. 유산취득세 과세방식과 정확히 반대되는 개념이라고 생각하면 이해하기 편합니다. 돌아가신 분의 재산 전체에 대해서 과세하는 것입니다. 앞의 예시와 동일하게 아버지가 돌아가시면서 30억 원의 재산을 아들 3명이서 10억 원씩 상속받았다면, 남긴 재산 30억 원에 대해서 상속세를 계산해서 납부하는 방식을 유산세 과세방식이라고 합니다.

● 표 4-1. 유산취득세 과세방식과 유산세 과세방식의 차이

증여세(유산취득세)			상속세(유산세)		
아들1	아들2	아들3	아들1	아들2	아들3
10억 원	10억 원	10억 원	10억 원	10억 원	10억 원
			30억 원		
증여세* 2억 2,500만 원	증여세* 2억 2,500만 원	증여세* 2억 2,500만 원	상속세** 8억 4,000만 원		

* 증여세 : (10억 원 - 5,000만 원) × 30% - 6,000만 원 = 2억 2,500만 원(1인당)
** 상속세 : (30억 원 - 5억 원) × 40% - 1억 6,000만 원 = 8억 4,000만 원(총금액)

다시 정리하자면 증여세는 '받는 사람 기준으로 받은 만큼', 상속세는 '돌아가신 사람을 기준으로 남긴 총재산만큼' 과세된다고 이해하면 됩니다.

상속세에 대해 유산세 과세방식을 채택하고 있는 대한민국에서는 개인이 상속받은 재산의 많고 적음과 상관없이 전체 상속재산으로 세금을 계산하기 때문에 증여세보다 더 높은 세율을 적용하는 불합리가 발생합니다. 이 문제는 끊임없이 제기되었습니다. 2022년 6월 한국경제원 보도자료에 따르면 대한민국의 상속세, 증여세 최고세율은 50%로, OECD 국가 중 일본 55%에 이어 2위로 매우 높은 편입니다. 게다가 상속세율, 증여세율은 오랜 시간 동안 변하지 않고 있습니다. 2000년에 최고세율이 45%에서 50%로 높아진 후 관련법이 개정되지 않는 상황입니다. 그동안 자산 가치, 물가는 큰 폭으로 뛰었는데 오래전의 세율이 유지되고 있어 국민의 세부담이

　　　　　　　　　　알수록 돈이 되는 부동산 절세 전략

크게 늘어날 수밖에 없습니다.

2023년 12월 기준 서울 아파트 평균 매매가는 12억 원으로, 10억 원을 훌쩍 넘어섰지요. 일반적으로 상속재산이 10억이 넘으면 상속세가 발생하니, 서울에 아파트 1채만 가지고 있어도 상속세 걱정을 해야 하는 시대가 된 것입니다. 게다가 고령화는 빨라지는 상황입니다. 국세통계 자료에 따르면 2011년 5,720명에 불과했던 상속세를 납부하는 피상속인 수는 2021년 1만 2,749명으로 증가했고, 피상속인이 남긴 재산 총액도 2011년 8조 8,786억 원에서 2021년 26조 5,827억 원으로 18조 원가량 늘었습니다.

이런 상황 속에서 그나마 다행인 것은 시대 변화에 맞추어 증여세, 상속세에 대한 전면적인 개편을 논의하고 있다는 것입니다. 추경호 경제부총리는 상속세의 과세체계를 유산취득세 과세방식으로 개편할 것을 시사하며 상속세, 증여세 과표 상향과 세율 인하 등의 변화가 불가피하다고 강조한 바 있습니다.

증여재산공제와 상속공제 계산 방법

증여와 상속의 또 다른 차이점은 세금을 계산하는 과정에서 일정 금액을 차감해주는 부분에서 다르다는 것입니다.

증여재산공제

공제에 관해 증여세는 **증여재산공제**, 상속세는 **상속공제**라고 표현합니다. 증여재산공제는 10년마다 적용을 받을 수 있지만 상속공제는 사망 이후에 상속세가 발생하기 때문에 평생 딱 한 번 적용받을 수 있다는 점에서 차이가 있습니다. 그래서 아무래도 증여재산공제보다 상속공제에 다양한 규정이 있습니다. 먼저 증여재산공제의 경우 받는 사람을 기준으로 '**누구에게**' 증여를 받느냐에 따라 공제금액이 표 4-2와 같이 다릅니다.

즉 누구에게 증여를 받았느냐에 따라서 10년간 증여받은 금액에서 표 4-2의 금액만큼 차감해서 증여세를 계산합니다. 여기서 주의해야 하는 부분이 있습니다. 증여세에서는 증여를 받는 사람을 기준으로 증여해주는 사람을 '**그룹**'으로 계산한다는 점입니다. 즉 직계존속이라는 그룹을 하나로 보아서 5,000만 원까지만 공제받을 수 있는 것입니다.

예시로 표 4-3처럼 아버지에게 5,000만 원, 어머니에게 5,000만 원, 친할아버지에게 5,000만 원, 친할머니에게 5,000만 원, 외할아버지에게 5,000만 원, 외할머니에게 5,000만 원씩 증여를 받는 경

● **표 4-2. 증여자별 증여재산공제 공제금액 정리표**

증여자 (주는 사람)	배우자	직계존속 (부모, 조부모)	직계비속 (자녀,손자녀)	기타 친족
공제금액	6억 원	5,000만 원 (미성년자 2,000만 원)	5,000만 원	1,000만 원

알수록 돈이 되는 부동산 절세 전략

표 4-3. 증여재산공제 사례1

증여자	아버지	어머니	친할아버지	친할머니	외할아버지	외할머니
증여금액	5,000만 원	5,000만 원	5,000만 원	5,000만 원	5,000만 원	5,000만 원
증여재산공제	5,000만 원					

표 4-4. 증여재산공제 사례2

증여자	배우자	아버지	딸
증여금액	6억 원	5,000만 원	5,000만 원
증여재산공제	6억 원	5,000만 원	5,000만 원

우 증여해준 사람별로 각각 5,000만 원씩 공제를 받는 것이 아니고 직계존속이라는 그룹을 통틀어서 5,000만 원까지만 공제를 받을 수 있습니다.

그러면 표 4-4 같은 경우는 어떨까요? 배우자로부터 6억 원, 아버지에게 5,000만 원, 딸에게 5,000만 원을 받는다면 증여세는 0원입니다. 각각 다른 그룹으로부터 증여를 받았으므로 그룹별로 해당하는 증여재산공제를 적용받을 수 있기 때문입니다.

상속공제

다음으로는 상속공제에 대해 알아보도록 하겠습니다. 상속공제는 평생 한 번 적용받는 항목이기 때문에 아무래도 증여보다 그 공제되는 금액이 크고 요건과 종류가 다양합니다. 기본적으로 사망일 당시에 본인에게 배우자가 있고 자녀가 있다면 무조건 10억 원을 공제할 수 있다는 사실만 기억해도 상속공제 절반은 알고 넘어가는 겁니다. 상속공제 종류와 공제금액은 표 4-5와 같습니다.

증여재산공제와 다르게 상속공제는 표 4-5처럼 다양한 항목으로 공제해주고 있습니다. 표를 확인하고 '이런 것들이 있구나'하는 정도로 넘어가도 좋습니다. 여기서 기억할 부분은 '배우자공제'와

● 표 4-5. 상속공제 종류 및 공제금액 정리표

기초공제	• 기초공제액: 2억 원 • 가업상속공제: 가업상속재산가액(300억~600억 원 한도) • 영농상속공제액 : 영농상속재산가액(30억 원 한도)	
배우자공제	• 배우자공제액: 둘 중 적은 금액[①, ②] 　① 배우자가 실제 상속받은 금액 　② 공제한도액(30억 원 한도): (상속재산가액 × 법정상속분) - (합산대 　상 증여재산 중 배우자가 증여받은 재산의 과세표준) * 배우자공제액이 5억 원에 미달하는 경우 최소 5억 원 공제	
인적공제	• 자녀 수 × 1인당 5,000만 원 • 미성년자 수 × 1,000만 원 × 19세까지 잔여 연수 • 연로자 수 × 1인당 5,000만 원 • 장애인 수 × 1인당 1,000만 원 × 기대여명 연수	
일괄공제	둘 중 큰 금액 [① 5억 원, ②기초공제 2억 원 + 인적공제금액]	
금융재산상속공제	**순금융재산가액**	**상속공제액**
	2,000만 원 이하	전액
	2,000만 원 초과 ~1억 원 이하	2,000만 원
	1억 원 초과~10억 원 이하	순금융재산가액 20%
	10억 원 초과	2억 원
재해손실공제	신고기한 내 화재·자연재해 등으로 멸실·훼손 시 그 손실가액	
동거주택상속공제	주택가액의 100%(6억 원 한도)	

'일괄공제' 두 가지입니다. 표 4-5의 내용과 같이 두 공제 항목 모두 최소 5억 원을 공제해주므로 합계 10억 원을 기본적으로 공제받을 수 있습니다. 따라서 상속재산이 10억 원이 안 된다면 상속세는 발생하지 않는다고 생각하면 됩니다. 증여와 상속의 용이, 피세방식, 공제금액에서의 차이점에 대해 말씀드렸는데요. 그 외의 차이점은 표 4-6을 참고하면 됩니다.

● **표 4-6. 증여와 상속의 차이점 정리표**

구분	증여	상속
과세방식	유산취득세 과세방식	유산세 과세방식
납세의무자	수증인(받은 사람)	상속인(배우자, 자녀 등)
관할세무서	받은 사람의 주소지 관할	돌아가신 분의 주소지 관할
신고·납부기한	증여일이 속한 달의 말일부터 3개월	사망일이 속한 달의 말일부터 6개월

증여, 상속할 때
두 가지 모르면 세금 폭탄 맞는다

국세청에서 근무할 당시 수천 건 이상의 증여세와 상속세 신고서를 처리하면서 안타까웠던 점이 있었습니다. 공통적으로 두 가지를 제대로 알지 못해 세금 폭탄을 맞는 경우가 많았습니다. 바로 '**재산평가에 대한 오류**'와 '**10년간의 증여재산 합산**'에 대한 것입니다.

재산평가에 대한
오류

첫째로 재산평가에 대한 오류입니다. 재산평가란 상속세, 증여세 계산의 가장 기초가 되는 것으로, 상속 및 증여받은 재산의 가치를 화폐 단위로 표현하는 것을 뜻합니다. 세액의 산출에 있어 가장 중요한 부분이라고 할 수 있는 것이지요. 재산평가에 대한 문제에서 납세자와 관세청의 이해가 가상 섬예하세 내립힙니다. 재산평가를 하는 대부분의 자산이 고액의 부동산이므로 평가를 어떻게 하는지에 따라 세액차이가 커질 수밖에 없기 때문입니다.

증여상속재산의 평가의 원칙은 '시가'입니다. 시가란 불특정 다수의 사람들 사이에 자유롭게 거래가 이루어질 때 통상적으로 거래가 성립된다고 인정하는 가액을 의미합니다. 보통 매매가액, 공매가액, 수용가액, 감정가액 등을 시가로 인정합니다. 시가를 산정하기 어려운 경우는 시가로 인정되는 가액이나, 「상속세 및 증여세법」의 제61조부터 제65조까지 규정된 보충적 평가방법에 따른 가액으로 산정하게 됩니다.

시가 평가가 중요한 이유

시가는 '시점'에 따라 시가가 달라질 수 있습니다. 상속 및 증여재산의 평가는 평가기준일(사망일·증여일)을 기준으로 평가 기간 내의 시가를 적용하게 됩니다. 다만 시가를 산정하기 어렵다면 당해 재산의 종류, 규모, 거래상황 등을 감안해 '보충적 평가방법'에 따라 평가한 가액을 시가로 판단합니다. 즉 어떤 '시점'이냐에 따라서 시가가 없을 수도 있기에 보충적 평가방법으로 가액을 책정하는 것입니다. 절세 관점에서 시가 적용이 유리할 수도 있고 보충적 평가방

법이 유리할 수도 있기 때문에 평가기준일을 언제로 보는지가 중요

● 표 4-7. 보충적 평가방법 정리표

자산의 종류	보충적 평가방법
부동산	기준시가 • 토지-개별공시지가 • 주택 - 개별주택가격 또는 공동주택가격 • 오피스텔 및 상업용 건물 - 국세청 고시가액 • 건물 등 - 국세청 고시가액
부동산을 취득할 수 있는 권리 (입주권, 분양권)	평가기준일까지 불입한 금액 + 평가기준일 현재 프리미엄
상장주식	평가기준일 전후 각 2개월간의 종가 평균액
비상장주식	「상속세 및 증여세법」에 따른 비상장주식 평가방법
상장된 국공채 등	둘 중 큰 금액 1) 평가기준일 이전 2개월간 평균액 2) 평가기준일 이전 가까운 날의 기준 가격
증권 투자 신탁수익 분배금	평가기준일 현재 한국증권거래소의 기준 가격 (평가기준일 기준 가격이 없는 경우 평가기준일 이전 가까운 날의 기준 가격)
예금, 적금	평가기준일 현재 (예입총액 + 경과기간에 대한 미수 이자 - 원천징수 세액 상당액)
서화, 골동품	둘 중 큰 금액 1) 2명 이상의 전문가가 감정한 가액의 평균액 2) 감정평가심의위원회에서 감정한 감정가액
가상자산	평가기준일 전, 후 각 1개월 동안에 해당 가상자산 사업자가 공시하는 일평균가액의 평균액
근저당권 설정된 재산	둘 중 큰 금액 1) 「상속세 및 증여세법」상 평가액 2) 평가기준일에 재산이 담보하는 채권액
임대차계약이 체결된 재산	둘 중 큰 금액 1) 「상속세 및 증여세법」상 평가액 2) {임대보증금+(연간임대료/12%)}

합니다. 보충적 평가방법의 내용을 이해하기 쉽게끔 표 4-7에 정리했습니다.

시가로 인정되는 매매가액, 수용가액, 공매가액, 감정가액 등은 상속의 경우 상속개시일 전후 6개월, 증여의 경우 증여일 전 6개월부터 증여일 후 3개월 이내의 기간 중 매매, 감정, 수용, 경매 또는 공매를 통해 확인되는 가액을 말합니다. 여기서 상속개시일은 피상속인의 사망일을 뜻하고 증여일은 증여에 의해 재산을 취득하는 시점을 뜻합니다. 대표적인 증여일로 부동산은 소유권이전등기 접수일, 입주권과 분양권 등 부동산을 취득할 수 있는 권리는 권리의무승계일이 있습니다.

시가 평가가 중요한 또 다른 이유는 시가의 변동 가능성 때문입니다. 특히 아파트의 경우 유사매매사례가액*이 존재할 때가 많습니다. 예를 들어 세금 신고 당시에 시가가 없어서 보충적 평가방법으로 평가해 신고를 진행했는데, 평가 기간 내에 유사매매사례가 나온다면 예측하지 못한 추가 세금이 발생할 수 있습니다. 그래서 가급적 선순위로 적용되는 감정가액을 활용해 안정적이고 더 유리한 가액으로 시가를 산정하도록 권하고 있습니다.

---

* 평가대상의 재산과 면적, 위치, 종목, 기준시가 등이 동일하거나 유사한 다른 재산에 대한 매매 사실이 있다면 해당 거래가액, 둘 이상의 감정기관이 평가한 감정가액이 있다면 해당 감정가액의 평균액, 경매 및 공매 사실이 있다면 해당 경매가액 또는 공매가액 등을 각각 시가로 적용하는 것.

시가는 어떻게 산정할까?

시가를 산정하기 위해서는 우선 평가 기간 내에 시가로 판단할 수 있는 가액이 있어야 합니다. 평가 기간은 증여의 경우 증여일을 기준으로 전 6개월, 후 3개월 총 9개월의 기간을 평가 기간으로 규정하며, 상속의 경우 사망일을 기준으로 전 6개월, 후 6개월 총 12개월의 기간을 평가 기간으로 규정하고 있습니다. 이 평가 기간 내에 평가하고자 하는 재산의 매매가액, 감정가액, 수용가액, 경매 또는 공매가액이 존재한다면 평가기준일에 가장 가까운 날의 해당 금액을 우선적으로 시가로 적용합니다. 하지만 이런 가액이 존재하지 않는다면 유사매매사례가액 등을 활용할 수 있는 것입니다. 그리고 유사매매사례가액 마저 없다면 앞에서 설명한 보충적 평가방법으로 재산가액을 평가합니다.

한편 평가 기간 내에 시가로 적용할 가액이 존재해야 한다고 설명했는데 도대체 어떤 날을 기준으로 평가 기간을 정하는 걸까요? 평가 기간 내에 가액의 존재를 판단하는 기준일은 다음과 같습니다.

① 매매가액: 매매계약일

② 감정가액: 감정가액평가서 작성일

③ 수용·보상·경매·공매가액: 해당 가액이 결정된 날

10년간의
증여재산 합산

둘째로는 10년간의 증여재산 합산을 간과하는 경우입니다. 증여재산가액은 과거 10년 이내 동일인으로부터 증여받은 재산을 합산해 계산해야 하지만, 그 사실을 알지 못한 채 신고하는 사례가 정말 많았습니다. 심지어 자신이 받은 금액이 증여였는지도 모르는 경우도 있습니다.

법에서는 당해 증여일 전 10년 이내에 **동일인**으로부터 받은 증여재산가산액의 합계액이 1,000만 원 이상일 경우 해당 금액을 기존 증여재산가액에 합산해 증여세를 계산합니다. 따라서 정확한 합산 과세를 알아보기 위해 다음의 세 가지를 확인할 필요가 있습니다.

첫째, 10년 이내 증여받은 재산인지 확인하기

해당 증여일 전 10년 이내에 증여받은 재산의 여부를 먼저 확인해야 합니다. 당장 몇 주 전의 일도 제대로 기억하지 못하는데 10년 전 증여받은 사실을 세세하게 기억하는 사람은 많지 않을 것입니다. 국세청 홈택스 또는 본인 신분증을 지참해 가까운 세무서에 방문하면 최근 10년 이내 증여세 결정내역을 쉽게 확인할 수 있습니다.

둘째, 동일인에게 받은 증여인지 확인하기

증여세 합산 과세는 동일 과거 증여자로부터 증여 이력이 있는 재산에 대해 기간 요건과 가액 요건을 충족해야 이루어집니다. 먼저 법에서 말하는 '동일인'의 기준을 알아야 합니다. 법에서 말하는 동일인과 일상생활에서 상식으로 여기는 동일인의 기준이 다를 수 있기 때문입니다.

예를 들어 우리가 부친과 모친, 조부와 조모는 동일인의 영역으로 여기듯이 세법에서도 아버지와 어머니 또는 할아버지와 할머니 모두 동일인입니다. 하지만 법에서 장인과 장모는 동일인으로 보지 않습니다. 만약 장인에게 1,000만 원, 장모에게 1,000만 원씩 받았다면 이는 합산 과세 대상이 아니라는 점을 알아두기를 바랍니다.

셋째, 증여재산가산액의 합계액이 1,000만 원 이상인지 확인하기

해당 증여일 전 10년 이내 동일인으로부터 증여받은 증여재산을 합해 증여재산가산액을 구했으나 금액이 1,000만 원 미만이라면 증여재산가액에 합산해 과세하지 않습니다. 즉 증여재산가산액이 1,000만 원 미만인 경우에는 증여세 합산 대상에서 제외된다는 것을 알아두면 좋습니다.

증여재산 합산 실수로
추가 고지를 받은 사례

다음 사례는 동일인으로부터 10년 이내 증여받은 재산을 합산해 신고해야 한다는 사실을 알지 못해서 추가로 가산세를 낼 수밖에 없었던 사례입니다. 당초 신고는 2015년에 아버지로부터 토지를 증여받고, 7년이 지난 후 어머니로부터 현금증여로 1억 원을 받았지만, 이늘 합산하시 않고 각각 신고한 깃입니다. 아비지와 이미니는 증여세 계산 과정에서 '동일인'으로 보기 때문에 어머니에게 받은 현금과 7년 전에 아버지에게 받은 증여재산가액을 합산해 신고해야 합니다.

과세관청은 해당 증여세 신고를 검토를 하는 과정에서 내용의 잘못된 점을 밝혀냈습니다. 그 결과로 가산세 약 200만 원을 포함해 추가로 약 1,700만 원을 더 내야 했습니다.

이 사실을 사전에 알았다면 어머니로부터 받은 현금증여 시기를 늦추거나 사위나 며느리에게 증여하는 등 계획을 마련할 수 있었을 것입니다. 이렇듯 단순하지만 '재산평가방법'과 '10년간 받은 증여재산가액'을 확실히 알아두는 것만으로도 억울한 세금을 피하는 데 도움이 됩니다.

● 표 4-8. 당초 신고납부와 정상적인 신고납부 세액 정리표
* 당초 신고납부

1차 증여	2015.06.22.	2차 증여	2022.08.20
아버지에게 토지 1억 5,000만 원 수증		어머니에게 현금 1억 원 수증	
증여재산가액	1억 5,000만 원	증여재산가액	1억 원
증여재산공제	- 5,000만 원	증여재산공제	- 5,000만 원

과세표준	1억 원	과세표준	5,000만 원
세율	10%	세율	10%
누진공제	-	누진공제	-
산출세액	1,000만 원	산출세액	500만 원
세액공제	- 30만 원	세액공제	- 15만 원
납부세액	970만 원	납부세액	485만 원

* 정상적인 신고납부

1차 증여	2015.06.22.	2차 증여	2022.08.20
아버지로부터 토지 1억 5,000만 원 수증		어머니로부터 현금 1억 원 수증	
증여재산가액	1억 5,000만 원	증여재산가액	1억 원
증여재산가산액	-	증여재산가산액	+ 1억 5,000만 원
증여세과세가액	1억 5,000만 원	증여세과세가액	2억 5,000만 원
증여재산공제	- 5,000만 원	증여재산공제	- 5,000만 원
과세표준	1억 원	과세표준	2억 원
세율	10%	세율	20%
누진공제	-	누진공제	1,000만 원
산출세액	1,000만 원	산출세액	3,000만 원
기납부세액	-	기납부세액	- 1,000만 원
세액공제	- 30만 원	세액공제	- 60만 원
납부세액	970 만 원	납부세액	1,940만 원

알수록 돈이 되는 부동산 절세 전략

절세 돋보기

증여세 결정정보 조회방법(홈택스)

증여세와 상속세 계산방법
제대로 이해하기

증여세, 상속세 절세를 위해서는 먼저 계산구조에 대한 이해가 필요합니다. 증여세와 상속세가 각각 어떤 과정을 거쳐 계산되는지를 알아야 그에 맞는 절세 포인트를 찾아내고, 장기적인 관점에서 더 효과적인 절세 전략을 세울 수 있습니다.

　증여세는 10년 이내 동일인으로부터 1,000만 원 이상 증여를 받았을 때 증여재산가액에 합산해 계산합니다. 상속세는 상속일 전 10년 이내에 상속인에게 증여한 재산과 상속일 전 5년 이내에 상속인 외의 사람에게 증여한 재산을 합한 사전증여재산가액을 상속재산가액에 더해 계산하도록 되어 있습니다. 이러한 이유로 먼저 증여세와 상속세의 계산구조를 제대로 파악한 후, 증여 및 상속 기간과 공제되는 항목 등을 활용한 구체적인 절세 방법을 고민해야 합니다.

세무상담을 하다 보면 대부분 눈앞의 세금만 신경을 쓰는 분을 많이 봅니다. 하지만 증여세와 상속세 절세 플랜은 내가 납부할 세금보다 자녀세대와 손자녀세대의 세부담을 줄이는 데 목적이 있습니다. 10~30년 뒤의 미래에 발생할 상속세가 얼마나 줄어드는지 파악하면서 장기적인 관점으로 접근해 10년 단위로 증여 계획을 세우고 대비하는 것이 증여세와 상속세 모두 절세할 수 있는 최고의 방법입니다.

이러한 목표를 달성하기 위해 먼저 증여세와 상속세 계산구조와 평가방식에서의 차이점을 어느 정도 이해하고 있어야 합니다. 그래야 적어도 세무 전문가를 찾아가 증여세와 상속에 대한 상담을 할 때 다양한 관점으로 현재 상황을 해석하며 실질적인 절세 계획을 논의할 수 있습니다.

증여세
계산 흐름도

다음 표 4-9는 증여세의 계산 흐름을 보여주는 표입니다. 얼핏 보면 다소 복잡해 보이지만 대략적인 증여세 계산구조의 흐름을 따라가다 보면 계산이 생각보다 어렵지 않다는 것을 알 수 있습니다.

계산구조에 기반해 모의로 계산을 해본다면 10년 단위로 증여 설계를 하고, 재산을 과세표준 세율구간에 맞추어 최대한 분산하는 것이 얼마나 절세에 효과적인지 알 수 있습니다.

● **표 4-9. 증여세 계산구조 정리표**

증여재산가액	증여일 기준 시가평가원칙(없을 시 보충적 평가)				
−					
비과세 및 과세가액 불산입액	비과세: 사회통념상 인정되는 피부양자의 생활비, 교육비 등 과세가액 불산입 : 공익법인 등에 출연한 재산 등				
−					
채무부담액	증여재산에 담보된 채무인수액(임대보증금 포함)				
+					
증여재산가산액	증여인 전 동일인으로부터 10년 이내 증여받은 재산의 과세가액 (합계액이 1,000만 원 이상인 경우)				
=					
증여세과세가액					
−					
증여공제 · 증여재산공제 · 재해손실공제	증여자	배우자	직계존속	직계비속	기타 친족
	공제금액	6억 원	5,000만 원 (미성년자 2,000만 원)	5,000만 원	1,000만 원
	· 증여세 신고 기간 이내 재산으로 멸실·훼손된 경우 그 손실가액				
−					
감정평가 수수료	부동산 등 유형자산: 500만 원 한도 비상장주식: 평가대상법인, 의뢰기관별로 각 1,000만 원 한도				

			=

증여세 과세표준			
	과세표준	세율	누진공제
세율	1억 원 이하	10%	
	5억 원 이하	20%	1,000만 원
	10억 원 이하	30%	6,000만 원
	30억 원 이하	40%	1억 6,000만 원
	30억 원 초과	50%	4억 6,000만 원

=

산출세액	증여세 과세표준 × 세율 - 누진공제액
세대생략할증세액	세대를 건너뛴 증여의 경우 30% 또는 40% 할증
세액공제·감면	기납부 증여세, 신고세액 공제 3%, 그 밖에 공제 감면세액 등
자진납부할 세액	-

20여 년간 바뀌지 않은 「증여세법」의 테두리 안에서 합법적으로 증여세 절세 효과를 높이기 위해서는 가능하면 젊을 때부터 일찍 10년 단위를 기준으로 해서 가지고 있는 재산을 분산시키는 것이 최선입니다. 이는 여러 세무전문가가 한목소리로 10년이라는 기간마다 체계적으로 증여세 절세 계획을 세우라고 강조하는 이유이기도 합니다.

상속세
계산 흐름도

　부모님이 돌아가신 후에 그제야 상속세를 걱정하는 분이 대부분입니다. 돌아가신 시점에 남겨진 재산만 상속재산이라고 생각하고 상속세를 잘못 계산해 내지 않아도 될 가산세를 내거나 상속세 세무조사까지 받는 일도 빈번합니다. 그렇기에 억울한 세금 폭탄을 피하기 위해서라도 상속세 계산구조를 제대로 이해하는 것이 중요합니다. 우선 표 4-10에 있는 상속세 계산구조를 통해 하나씩 살펴보겠습니다.

● 표 4-10. 상속세 계산구조 정리표

상속재산가액	본래의 상속재산: 사망일 현재 남아 있는 상속재산 + 간주상속재산: 보험금, 신탁재산, 퇴직금 등 + 추정상속재산: 사망일 전 2년 이내 재산처분, 인출 또는 채무부담액 등
	-
비과세 및 과세가액 불산입액	비과세: 금양임야, 문화재 등 과세가액 불산입: 공익법인 등에 출연한 재산 등
	-
공과금·장례비·채무	증여재산에 담보된 채무인수액(임대보증금 포함)
	+
사전증여재산	사전증여재산가액 합산(상속인 10년 이내, 기타 5년 이내) 창업자금, 가업승계주식 등은 기한 없이 합산
	=

상속세과세가액	
-	
상속공제	○○페이지의 상속공제표 참조
-	
감정평가 수수료	부동산 등 유형자산: 500만 원 한도 비상장주식: 평가대상법인, 의뢰기관별로 1,000만 원 한도
=	
상속세 과세표준	
✖	

	과세표준	세율	누진공제
세율	1억 원 이하	10%	-
	5억 원 이하	20%	1,000만 원
	10억 원 이하	30%	6,000만 원
	30억 원 이하	40%	1억 6,000만 원
	30억 원 초과	50%	4억 6,000만 원

=	
산출세액	상속세 과세표준 × 세율 - 누진공제액
세대생략할증세액	세대를 건너뛴 상속의 경우 30% 또는 40% 할증
세액공제·감면	기납부증여세, 신고세액공제 3%, 그 밖에 공제 감면세액 등
자진납부할 세액	-

상속재산의 범위는 돌아가신 분의 기본적인 상속재산뿐만 아니라 보험금, 신탁재산, 퇴직금 등의 간주상속재산과 피상속인의 사망 전에 출처가 불분명한 재산처분액, 대출상환금, 인출금 등의 추정

상속재산까지 포함해 합산합니다. 또한 앞에서 설명드렸듯이 상속일 전 10년 이내 상속인에게 증여한 사전증여재산가액과 상속일 전 5년 이내 상속인 이외의 사람에게 증여한 사전증여재산가액도 합산합니다. 만약 피상속인이 사망하기 7년 전에 자녀에게 시가 10억 원의 주택을 물려주었다면 해당 재산도 상속재산가액에 포함되는 것입니다.

계산구조에서 알 수 있듯이 총 상속재산가액에서 채무, 공과금, 장례비용 등을 차감한 후 상속세과세가액을 산정합니다. 여기에 기초공제, 인적공제, 배우자공제 등 각종 상속공제액을 차감한 뒤 과세표준 및 세율이 적용됩니다. 만약 상속재산에 합산되는 사전증여가 있다면 상속재산가액에 합산한 증여재산가액의 중복 과세를 막기 위해 증여했던 당시의 증여세인 기납부증여세를 공제해줍니다. 그리고 신고세액공제 등을 제외하면 최종적으로 납부할 상속세액이 계산됩니다. 추가로 상속세는 납부 금액의 분납, 연부연납 등이 가능합니다.

증여세와 상속세 중
더 절세에 유리한 것은?

증여에 비해 상속이 더 절세에 유리하다고 알고 있는 분이 많습니다. 그 이유는 상속세 공제액이 증여세 공제액과 비교했을 때 최소 10배 이상 크기 때문입니다. 그러나 절대적으로 유리한 것은 아닙니다. 증여재산공제한도는 10년간 배우자 6억 원, 직계존속 5,000만 원, 직계비속 5,000만 원(미성년자 2,000만 원), 기타 친족(며느리, 사위 등) 1,000만 원입니다. 반면 상속공제는 일괄공제 5억 원 배우자 상속공제로 최소 5억 원을 추가해서 10억 원까지 공제가 가능합니다. 상속세 공제액이 훨씬 더 큰 것이지요.

공제액이 크다고 해서 무조건 상속세가 더 절세에 유리할까요? 그렇지 않습니다. 앞에서 설명드린 것처럼 상속세의 경우 유산세 과

● 표 4-11. 상속세와 증여세 공제액 비교 정리표

상속세		증여세	
일괄공제	5억 원	배우자공제	6억 원
배우자공제	5억~30억 원	직계존비속공제 (미성년자)	5,000만 원 (2,000만 원)
금융재산공제	최대 2억 원		
동거주택공제	최대 6억 원	기타친족공제	1,000만 원

세방식을 취하고 증여세의 경우 유산취득세 과세방식을 취합니다. 유산세 과세방식은 돌아가신 분의 전체 재산에 대해 과세하는 방법이므로 금액이 큰 만큼 과세표준이 높아 세율이 커지게 됩니다. 반면 유산취득세 과세방식은 수증자가 수령하는 각자의 증여재산에 대해 과세하는 방법입니다. 증여재산이 쪼개지니 그만큼 세금이 줄어드는 효과가 있습니다. 세부담 측면에서 보면 유산취득세 과세방식이 절세에 유리한 방식입니다.

이렇듯 공제액부터 계산방법, 납부방식에 이르기까지 증여세와 상속세에는 조금씩 차이가 있습니다. 그렇기에 개인 및 가정별 상황에 맞는 최적의 절세 전략을 세우기 위해서 기본적으로 알아야 할 핵심 포인트를 정리했습니다. 특히 증여, 상속을 고려하고 있는 독자분이라면 개인별 상황에 맞추어 생각해보면서 방향을 잡는 데 도움이 될 것입니다.

증여세
절세 포인트

증여는 누구에게, 무엇을, 언제, 어떻게, 얼마를 증여하냐에 따라 세금에서 큰 차이를 보입니다. 증여세 절세 전략을 잘 세우기 위해서는 장기적인 관점의 큰 그림 안에서 대략적인 기준점을 세우고 설계하는 것이 중요합니다.

① 증여결정: 사전증여가 무조건 유리하다?

먼저 증여를 할지, 말지를 결정해야 합니다. 증여는 증여자의 의지가 가장 중요하지만, 증여를 하고 싶다고 해도 무조건 사전증여가 유리하다고 할 수는 없기 때문입니다. 배우자가 있다면 상속세 공제가 최소 10억 원까지 가능하다고 앞에서 설명드렸지요. 쉽게 말해 재산이 10억 원 미만이라면 상속세가 없으므로 증여보다는 훗날 상속하는 것이 더 유리합니다.

하지만 과세표준이 30억 원을 초과한다면 세율이 50%나 적용됩니다. 평생 일군 자산의 절반을 세금으로 내야 합니다. 그렇기에 부동산, 현금, 금융 자산 등 재산 종류가 많고 자산의 규모가 클수록, 또 물려받을 가족 구성원이 많을수록 10년 단위로 계획을 세워 사전증여를 진행하는 것이 훨씬 절세에 유리합니다.

② 증여대상: 자녀에게 증여할까? 손주에게 할까?

증여라고 하면 자녀에게 증여하는 것을 흔히 생각하겠지만, 최근 자산가들 사이에서 자식세대를 건너뛰고 손자녀에게 직접 증여하는 이른바 '세대생략증여'가 절세 트렌드로 떠오르고 있습니다. 세대생략증여를 하면 세율이 할증되는 불이익(기본세율에 30%, 미성년자에게 20억 원을 초과한 증여에 대해서는 40% 적용)이 있지만, 잘 활용하면 절세 효과를 볼 수 있습니다.

첫째 장점은 증여세 과세 횟수를 1번으로 줄일 수 있다는 것입니다. 자식에게 증여하고 다시 자식이 본인 자녀에게 증여할 때는 증여세를 2번 부담해야 하지만, 손자녀에게 곧바로 증여하면 1번만 증여세를 부담하므로 세부담이 줄어듭니다.

둘째 장점은 자녀세대에게 이미 재산의 상당 부분을 물려주었는데 추가증여를 한다면 세부담이 커지는데 이를 낮출 수 있다는 점입니다. 손자녀에게 직접 증여하면 보다 낮은 증여세율을 적용받을 수 있으며, 재산을 분산시키는 효과도 있어 미래의 상속세율을 낮출 수도 있습니다.

마지막으로 손자녀에게 사전증여를 하는 경우 상속재산 합산 기간이 5년이 되어서 짧다는 것입니다. 상속재산가액에는 10년 내 상속인에게 증여한 재산과 상속인 외의 사람에게 5년 내에 증여한 재산을 합산합니다. 하지만 손자녀는 상속인의 지위를 가지고 있지 않으므로, 상속인 외의 사람인 손자녀에게 증여한 재산은 5년이 지나면 상속재산가액에 합산되지 않아 상속세 절세의 효과가 있습니다.

사위나 며느리도 마찬가지로 상속인 지위가 아니므로 동일한 효과를 얻을 수 있다는 것도 함께 알아두면 좋습니다.

③ 증여규모: 얼마나 주어야 할까?

재산의 상당 부분을 일찍 주면 나중에 자식들로부터 대접을 받지 못할 것이라고 걱정하는 분이 많습니다. 사전증여에 대한 인식도 여전히 부정적입니다. 그래서 재산 규모가 최고세율에 이를 만큼 커져도 수중에 재산을 두려는 경향이 있습니다. 하지만 미리 재산의 일부를 배우자, 자녀, 손자녀, 며느리, 사위 등에 나누어서 주면 미래의 상속세 부담을 덜고 수증자들은 받은 재산을 활용해 부를 형성하고 경제적 활로가 뚫리는 긍정적인 측면이 있습니다.

그러면 얼마를 물려주면 좋을까요? 증여재산공제를 활용해 공제액까지만 증여하면 증여세를 전혀 내지 않습니다. 재산이 많다면 10% 최저세율 구간에 맞추어 증여하는 것도 하나의 방법입니다. 또는 과세표준 1억 원까지 10% 세율을 적용받기 때문에 소액의 세금만 납부하면 사전증여의 효과를 높일 수 있습니다. 예를 들어 20세 자녀에게 증여재산공제한도에 맞추어 계획했던 5,000만 원이 아니라 1억 5,000만 원을 증여한다면, 10% 세율 적용되어 증여세 1,000만 원을 내고 1억 원을 더 물려줄 수 있는 것입니다.

④ 증여 시기: 상승장에 증여할까? 하락장에 증여할까?

모든 투자에서 타이밍이 중요하듯 증여를 할 때도 시기가 중요합니다. 부동산을 증여한다고 가정했을 때, 상승장에서 하는 게 유리할까요? 하락장에서 하는 게 유리할까요? 증여의 적기는 재산가치가 하락했을 때입니다. 따라서 하락장에 증여세 절세 기회가 있습니다.

예를 들어 2022년에 20억 원으로 최고점을 찍은 아파트 가격이 하락장을 맞아 10억 원으로 반토막이 된 상황에서 증여한다면 증여세를 약 3억 8,000만 원가량 아낄 수 있습니다. 장기적 관점에서 우상향할 것으로 기대되는 부동산이라면 하락기를 활용해 증여하는 것도 하나의 절세 방법입니다.

⑤ 증여재산: 아파트를 증여할까? 현금을 증여할까?

증여를 고려할 때 아파트를 물려줄지, 아파트 매도 후 현금으로 물려줄지 고민하는 분이 많습니다. 현금이냐 아파트냐를 따지기에 앞서, 미래에 가치가 오를 가능성이 높은 자산의 형태로 증여하는 것이 유리합니다. 만약 현금가치보다 아파트, 주식 등 자산가치 상승이 더 크다고 판단된다면 현금보다는 아파트를 물려주는 것이 좋습니다. 부동산 매도 시 양도차익이 커서 양도세가 너무 많이 나오는 상황에서도 부동산을 그대로 자녀에게 증여하는 편이 낫습니다.

그러나 현금은 유동성이 높은 장점이 있습니다. 자녀가 사업을 하거나 결혼, 본인 명의의 주택구입 등 필요한 용도에 활용하기 위한 목적이라면 현금증여가 더 좋은 선택입니다. 더불어 증여자가 1세대 1주택 비과세 혜택을 받아 양도세가 없다면 현금화해 증여하는 것이 재산 분할 측면에서 유리할 수 있습니다. 이렇듯 증여를 할 때는 수증자의 상황과 계획, 취득세, 보유세, 양도세 등 포괄적인 세금을 함께 종합해 결정할 필요가 있습니다.

상속세
절세 포인트

미리 계획이 가능한 증여와 달리, 사망 후 진행되는 상속은 그 시점을 예측하기 어렵습니다. 하지만 상속개시 전후로 가이드라인을 미리 세워두면 상속세 절세는 물론, 남겨진 상속인의 부담을 덜 수 있기 때문에 준비가 필요합니다.

① 상속 준비: 어떻게 상속재산을 줄일까?

상속세 절세의 기본은 상속재산을 최소화하고 채무, 장례비용 등 각종 공제액을 최대화하는 것입니다. 해당 과정의 첫 단추는 상속재산이 얼마나 있는지 정리하는 것입니다. 상속세 계산에는 본래의 상속재산, 10년 내 사전증여재산, 추정증여재산, 보험금, 퇴직금 등을 모두 합산하는 과정이 있기 때문에 어떤 항목이 상속재산에 포함되는지 리스트를 정리하고 이를 가족 구성원들과 공유하는 시간이 필요합니다.

살아생전 피상속인이 가족들 몰래 고액을 출금했는데 그 행방이 묘연해 억울하게 상속세를 낸 사례가 적지 않습니다. 대략적인 상속재산을 파악했다면, 상속세를 계산해보고 줄일 수 있는 비용은 최대한 많이 줄여야 하며, 병원비나 치료비 등을 피상속인의 명의로 된 통장에서 사용합니다. 이러한 과정을 거쳐 각종 상속공제액 최대치에 맞추어 재산을 분산합니다.

② 상속세의 납부: 상속세는 어떻게 마련할까?

상속재산이 대부분 부동산으로 구성된 경우가 많습니다. 따라서 미리 상속세 납부에 대해 계획을 세워놓지 않아서 고액의 상속세를 내기 위해 부동산을 파는 사례도 여럿 있습니다. 이럴 경우를 대비해 일부 재산을 미리 처분해 현금화해 놓고 금융재산으로 보유하고 있는 것이 유동성 확보하기에 유리할뿐더러, 금융재산상속공제라는 혜택도 받을 수 있기 때문에 재산의 구성을 부동산으로만 고집하지 않는 것을 권합니다. 그리고 당장 고액의 상속세가 부담된다면 연부연납을 통해 10년간 나누어서 낼 수 있으므로 연부연납 신청을 위한 담보로 제공할 재산이나 10년간의 세금납부계획도 미리 세워놓는 것이 현명합니다.

③ 상속 신고: 상속세 신고할까? 말까?

상속세가 없다고 상속세 신고를 하지 않는 분들도 더러 있습니다. 상속으로 주택을 받는 사례가 가장 많은데요. 이를 신고하지 않을 경우 추후 주택을 팔 때 불이익을 받습니다. 상속 주택의 경우 사망일의 시가가 취득가액이 되기 때문입니다.

예를 들어 A 씨가 남편이 사망하면서 3억 원의 아파트를 물려받았다면 아파트 가격이 상속세 공제금액 미만이므로 상속세는 0원입니다. 이후 상속세가 없다는 이유로 신고를 하지 않고 있다가 몇 년 후 해당 아파트를 팔려고 했는데 가격이 6억 원이 되었다면, A 씨는 생각보다 많은 양도세를 내야 합니다. 취득가액이 3억 원이 아닌 사망 당시 아파트의 공시가격인 1억 원으로 계산되기 때문입니다. 또한 아파트의 시세는 3억 원 정도 되지만 거래가 되지 않던 시기라 유사매매사례가액으로 적용할 시가도 없었습니다. 따라서 양도차익 5억 원에 대한 양도세로 1억 7,000만 원이 나오게 됩니다.

만약 남편 사망 당시 감정평가를 받아 상속세 신고를 했다면 양도세는 어떻게 계산될까요? 취득가액이 3억 원이 되어 양도차익 3억 원에 대한 양도세 9,000만 원만 내면 되게 됩니다. 감정평가를 받아 신고한 것만으로 무려 8,000만 원의 양도세를 줄일 수 있는 것입니다. 상속세가 없더라도 돌아가시고 6개월 이내 상속세를 신고하는 것이 중요한 이유입니다.

④ 상속세 결정에 대비하라

상속세는 신고에 의해 납세의무가 확정되는 것이 아니라 정부의 결정에 의해 납세의무가 확정되는 세목입니다. 즉 상속세 신고로 끝나는 게 아니라는 이야기입니다. 상속세를 신고하면 반드시 세무서 공무원의 검토가 이루어집니다. 상속세 신고를 받으면 세무서장 또는 지방국세청장은 법정결정기한 이내에 과세표준과 세액을 결정해야 합니다. 상속세의 법정결정기한은 상속세 과세표준 신고기한으로부터 9개월입니다. 이렇게 결정된 상속세의 과세표준과 세액의 산출 근거를 명시해 상속세의 납세의무자 모두에게 통지하게 되어 있습니다. 만약 주택 등 상속받은 납세의무자가 신고한 과세표준과 세액이 검토내용과 동일하다면 신고한 내용대로 결정을 짓습니다.

하지만 신고를 누락했거나, 신고 내용에 탈루 또는 오류가 있어 조사한 내용과 다른 경우에는 조사한 내용을 토대로 상속세를 결정하고, 추가로 납부할 가산세를 붙여 징수하는 절차를 밟게 됩니다. 그 어떤 세금이라도 절세의 가장 기본은 '가산세'를 피하는 것입니다. 그렇기에 상속세 절세를 위해서는 상속세 결정 절차까지 염두에 두고 신고를 제대로 하는 것이 중요하다고 할 수 있습니다.

사망하기 전 2년이 중요하다
- 추정상속재산

미리 상속을 대비하고 준비하는 분은 생각보다 많지 않습니다. 재산이 많을수록 상속에 대한 관심이 큰 편이지만, 실제로 전문가와 상담하며 장기적으로 상속 계획을 세우는 분은 소수에 불과합니다. 대부분은 부모님 중 한 분이 큰 병에 걸렸거나, 건강 상태가 악화되어 돌아가실 날이 가까워졌을 때 비로소 상속세를 걱정하기 시작합니다. 돌아가신 후 장례까지 다 치르고 나서야 부랴부랴 상속재산가액을 파악하는 경우도 흔합니다.

하지만 아무런 대책도, 담당 세무대리인도 없이 감정을 추스르지 못한 상황에서 상속세 신고를 제대로 하기란 여간 어려운 것이 아닙니다. 대다수의 상속인은 사망일 기준 피상속인의 재산만 상속세 과세대상이라고 생각하는 경향이 있습니다. 따라서 '추정상속재산'을 고려하지 못한 채 잘못된 계산으로 상속세 신고를 마치는 우를 범하는 것입니다. 이는 추후 상속세 세무조사를 받거나, 거액의 세금 추징을 당하는 빌미가 되고 맙니다.

추정상속재산이 중요한 이유

추정상속재산은 상속세 세무조사에 있어서 10년 이내에 상속인에게 사전증여를 진행한 재산이 있는지를 조사하는 것만큼 주목해서 살펴보는 내용이기 때문에 매우 중요합니다. 말 그대로 상속받은 것을 추정하는 내용이기 때문에 그 입증책임이 납세자에게 있습니다. 이에 생각하지 못한 것으로 억울하게 상속세 부담을 지게 되는 경우도 종종 발생합니다. 추정상속재산은 사망일 이후에 남겨진 재산으로 되어 있지는 않지만 상속재산으로 추정해 과세를 하겠다는 취지의 규정입니다.

예를 들어 사망일 전에 보유하고 있는 부동산, 주식 등 자산을 처분해 현금으로 전환해 숨겨놓고서 나중에 그 현금을 사용한다면 과세관청이 상속재산을 찾아내는 데 한계가 있을 수밖에 없습니다. 이런 방식으로 상속세 및 증여세를 변칙적으로 회피하는 것을 방지하고자 일정 기준을 만들고 해당 재산의 사용처를 입증하도록 상속인

알수록 돈이 되는 부동산 절세 전략

에게 입증책임을 지우고 있습니다. 사망하기 전에 재산을 처분하거나 예금을 인출 또는 채무를 부담한 금액이 사망일 전 1년 이내 2억 원, 2년 이내 5억 원 이상인 경우 상속인들은 그 돈이 어디에 쓰였는지 입증해야 합니다. 입증하지 못한다면 해당 추정상속재산을 상속재산가액에 포함시켜 상속세를 과세하게 됩니다.

하지만 현실적으로 상속인들이 추정상속재산을 일일이 소명하기는 무척 까다롭고 어렵습니다. 상속재산을 남긴 본인만이 그 재산의 출처를 명확하게 알고 있을 것이기 때문입니다. 따라서 사망 전에 재산의 명확한 증빙을 남겨놓지 않았다면 현실적으로 소명할 방법이 없습니다.

제가 국세청 근무 당시 상속세 세무조사 과정에서 추정상속재산을 입증하지 못해 억울하게 상속세를 납부하게 된 사례가 있었습니다. 아버지가 돌아가시기 2년 전부터 아버지의 계좌에서 꾸준하게 일정 금액이 출금되었는데, 그 금액이 7억 원 가까이 되었습니다. 꽤 큰 금액이지만 두 아들과 배우자는 이 사실을 전혀 알지 못했고, 그 어떤 증빙이나 메모 내역도 찾을 수 없었습니다. 돈의 행방이 묘연했지만 입증하지 못했기에 그 7억 원은 추정상속재산으로 고스란히 상속재산가액에 포함되어 상속세를 납부할 수밖에 없었습니다. 상속인들 입장에서는 자신들이 상속받지도 않은 금액까지 더해 상속세를 부담했으니 참으로 안타까웠던 기억이 납니다.

사망일 전
처분·인출·부담채무의 상속추정

　다시 강조드리지만 상속개시일 전 1년 이내 재산 종류별로 추정 상속재산으로 계산한 금액이 2억 원 이상이거나 또는 상속개시일 전 2년 이내 재산 종류별로 계산한 금액이 5억 원 이상이라면 사용처 입증 대상이 됩니다. 여기서 재산의 종류는 세 가지입니다. 현금이나 예금, 유가증권과 같은 현금성 자산, 부동산 및 부동산에 관한 권리 그리고 기타 재산입니다. 세 가지의 재산 종류별로 1년 이내 2억 원, 2년 이내 5억 원이 넘는 경우 그 돈이 어디에 사용되었는지를 입증해야 합니다. 또한 상속개시일 전 1년 이내 2억 원 또는 2년 이내 5억 원 이상의 채무를 부담했거나 현금을 인출한 사실이 있다면 그 금액 역시 무슨 용도로 사용하기 위해 채무를 부담했는지를 밝혀야 하고, 그 용도가 불분명한 경우 추정상속재산으로 보아 과세가 됩니다.

사망 전 2년 이내
재산처분을 조심해야 하는 이유

　또 다른 사례를 말씀드리겠습니다. A 씨의 아버지는 고액자산가로, 6개월 전 지병이 악화되어 병원에 입원했습니다. 한 달 전 병원으로부터 마음의 준비를 하라는 말을 들은 후부터 A 씨는 상속세 걱정에 밤잠을 못 이루었습니다. 상속에 대한 대비가 전혀 되어 있지 않았기 때문입니다. 발등에 불이 떨어진 A 씨는 아버지의 재산 리스트를 떠올렸습니다. 아파트 2채, 금융 자산이 수억 원에 이를 것으로 예상했습니다. 그러나 A 씨는 아버지가 작년에 아파트 1채를 3억 원에 팔았고, 본인 명의 예금 8,000만 원을 인출한 사실을 전혀 알지 못했습니다. 만약 A 씨의 아버지가 한 달 뒤 돌아가셨다면, 이 경우 국세청은 추정상속재산을 얼마로 볼까요?

추정상속재산을 판단하는 기준은 재산 종류별로 상속개시일 전 1년 이내 2억 원 이상, 2년 이내 5억 원 이상이라고 말씀드렸습니다. A 씨는 몰랐지만 아버지 본인이 1년 전에 아파트 1채를 3억 원에 양도했고, 예금 8,000만 원을 인출했습니다. 여기서 재산 종류별로 따져야 합니다. 부동산 처분액 3억 원은 **1년 이내 2억 원**을 넘어 추정상속재산에 해당되지만, 예금 인출액은 2억 원 미만이므로 추정상속재산이 아닙니다. 즉 상속인인 A 씨는 아버지의 아파트 처분액 3억 원에 대해서만 소명할 의무가 있습니다.

하지만 A 씨가 이 금액에 대한 행방을 전혀 알지 못한다면 어떻게 될까요? 입증하지 못했다 하더라도 전액에 대해 상속세가 과세되는 것은 아닙니다. 피상속인의 재산을 상속인이 전부 입증하기에는 무리가 있다고 판단하기 때문에 소명되지 않은 용도가 불분명한 금액에서 2억 원과 재산 종류별 처분액 또는 현금인출금액의 20% 중 적은 금액을 차감한 나머지 금액을 추정상속재산으로 봅니다. 해

● 표 4-12. 추정상속재산가액의 입증 및 계산 정리표

구분	입증금액	추정상속금액
재산처분 또는 인출 금액 중 용도가 명확하지 않은경우 (1년 내 2억 원, 2년 내 5억 원)	재산처분 등 금액 - 둘 중 적은 금액(처분 등 금액 × 20%, 2억 원)	미입증 금액- 둘 중 적은 금액(처분 등 금액 × 20%, 2억 원)
피상속인이 부담한 채무 (1년 내 2억 원, 2년 내 5억 원)		

당 사례에서는 3억 원의 20%인 6,000만 원과 2억 원 중 적은 금액인 6,000만 원을 차감한 2억 4,000만 원이 입증할 금액에 해당하는 것입니다. 만약 A 씨가 아파트를 돌아가시기 1년 전이 아니라, 2년 전에 팔았다면 어땠을까요? 5억 원 미만이므로 소명 대상 자체가 아니었을 것입니다. 이렇듯 사망 시점에 임박해서 부동산 처분 등 재산의 변동이 발생하는 경우에는 상속재산가액이 커질 확률이 높아지는 것입니다.

주의해야 할 점은 추정상속재산의 기준금액에 해당하지 않는다고 해서 무조건 상속재산가액으로 판단하지 않는 것이 아니라는 점입니다. 사용처에 대한 입증책임이 납세자에서 과세관청으로 넘어가는 것뿐이지 실제로 세무조사 과정에서 기준금액 미달한 금액이지만 금융거래내역을 조사한 결과 사전증여로 밝혀진다면 증여세와 함께 사전증여재산으로 상속재산에 합산되어 과세될 수 있다는 점을 명심해야 합니다.

사망 발생을 예견하는 것은 힘든 일이지만 고령이거나, 지병이 있는 경우 적어도 10년 전부터 장기적인 관점에서 상속 계획을 세

우고 대비하는 것이 현명합니다. 가능하면 피상속인 본인이 살아생전에 재산내역을 구체적으로 작성해놓고, 재산 변동이 발생하는 경우에 처분 대금의 입금, 지출내역, 사용처 등을 기록해 증빙으로 남겨놓는 것도 필요합니다. 상속세 세무조사를 맞다뜨렸을 때 남겨진 상속인을 위한 작은 배려가 될 것이기 때문입니다.

증여세를 대신 내주면
벌어지는 일

자녀에게 증여할 때 기존 증여세에 추가 증여세가 붙을 수 있어 주의해야 합니다. 증여세에 추가로 증여세가 붙을 수 있다는 점이 의아할 것입니다. 이번에는 부동산을 자녀에게 증여할 때 꼭 알아야 할 증여세 대납과 올바른 계산방법에 대해 알아보겠습니다.

증여세에 증여세가
또 붙는다고?

직장인 A 씨는 아버지로부터 상속받은 토지를 대학생인 아들에

알수록 돈이 되는 부동산 절세 전략

게 증여했습니다. 그리고 홈택스에서 아들을 대신해 증여세 신고를 마쳤습니다. 공시가격 5억 원에 증여재산공제 5,000만 원을 적용해서 계산하니 납부세액이 7,700만 원이 나왔고, 기한 내에 세무서에 전액 납부 완료했습니다. 하지만 몇 달 뒤 세무서에서 과세예고통지서를 보냈습니다. 신고한 증여세의 금액이 적어 추가로 증여세를 고지하겠다는 내용이었습니다.

누락한 것도 없이 정직하게 세금을 다 납부한 것으로 생각한 A 씨는 해당 고지가 잘못된 것으로 여기고 담당자에게 다시 한 번 전화를 걸었습니다. 그리고 담당자의 답변을 듣자 A 씨는 당혹스러웠습니다. 대학생인 아들을 대신해 A 씨가 증여세를 납부했는데, 증여세를 납부할 소득이 없는 자녀를 대신해 납부해준 증여세도 증여 대상에 해당되었기 때문입니다. 단순히 토지를 자녀에게 증여해줄 생각만 하고, 대신 내준 증여세에 대한 것은 미처 생각하지 못했던 A 씨는 결국 눈물을 머금고 증여세 3,600만 원을 추가로 납부할 수밖에 없었습니다.

다음 그림을 보면 이해하기가 조금 더 쉽습니다. 최초의 증여재산가액으로 과세표준을 산출해 증여세를 계산하면 1차 증여세가 나옵니다. 이 1차 증여세를 대신 납부하게 되면, 당초의 증여 자산에 대납한 1차 증여세를 합한 금액으로 다시 증여세를 계산해 늘어난 금액의 2차 증여세가 나옵니다. 이와 같은 방식으로 반복한다면 당초의 증여 자산에 합산하는 대납한 증여세와 최종 계산되는 증여세가 같아지는 시점이 나옵니다. 이 시점의 증여세가 최종적으로 과세

해야 하는 증여세로 확정되는 것입니다. 이제 A 씨의 사례로 실제 계산하는 방법을 알아보도록 하겠습니다.

증여세 대납
계산방법

증여세를 대납하는 경우의 계산구조를 그림으로 보여드렸는데요. 앞서 소개한 사례의 실제 금액을 바탕으로 계산이 되는 과정을 표 4-13의 산식으로 확인할 수 있습니다. 이와 같은 방법으로 계속해서 계산하다 보면 어느 순간 증여 자산에 합산하는 대납한 증여세와 계산된 증여세가 같아지는 금액이 산출됩니다. 이렇게 산출된 해당 금액이 최종 납부세액이라고 이해하면 됩니다. 그림 내용의 중간과정이 생략되었지만 17번 계산을 반복한 값입니다.

● 표 4-13. 증여세 대납 시 납부세액 증가 과정 정리표

	1차 증여세	2차 증여세	3차 증여세	4차 증여세	n차 증여세
증여재산가액	5억 원	5억 원	5억 원	5억 원	5억 원
대납한 증여세	-	7,760만 원	9,533만 1,600원	1억 49만 1,496원	1억 260만 9,309원
증여재산공제	5,000만 원	5,000만 원	5,000만 원	5,000만 원	5,000만 원
과세표준	4억 5,000 만 원	5억 2,760 만 원	5억 4,533 만 1,600원	5억 5,049 만 1,496원	5억 5,260 만 9,308원
세율	20%	30%	30%	30%	30%
누진공제	1,000만 원	6,000만 원	6,000만 원	6,000만 원	6,000만 원
산출세액	8,000만 원	9,828만 원	1억 3,59만 9,480원	1억 514만 7,449원	1억 578만 2,792원
세액공제	240만 원	294만 8,400원	310만 7,984원	315만 4,423원	317만 3,484원
납부세액	7,760만 원	9,533만 1,600원	1억 49만 1,496원	1억 199만 3,025원	1억 260만 9,309원

방금의 방법으로 반복해서 계산하는 것과 다른 또 하나의 방법으로는 대납한 증여세를 X값으로 두고 방정식을 만들어서 X값을 구하는 다음 방법이 있습니다.

$$\left[\left\{\left(\begin{array}{c}\text{증여재산가액}\\\text{(5억 원)}\end{array} + X값\right) - \begin{array}{c}\text{증여재산공제}\\\text{(5,000만 원)}\end{array}\right\} \times \begin{array}{c}\text{세율}\\\text{(30\%)}\end{array} - \begin{array}{c}\text{누진공제}\\\text{(6,000만 원)}\end{array}\right] \times \begin{array}{c}\text{1-세율}\\\text{(1-0.3)}\end{array} = X값$$

해당 방정식에 대입해 증여세 대납액 X값인 **1억 260만 9,309원**

을 동일하게 계산할 수 있습니다. 신고할 때는 20% 세율이었는데 X 값을 구하는 식에서는 세율이 30%로 계산이 되었습니다. 왜 바뀌었을까요? 그 이유는 이렇습니다. 당초 신고 과세표준은 4억 5,000만 원이고, 증여세 7,700만 원으로 나왔지요. 단순히 둘을 합하면 과세표준 30% 구간인 5억 원을 초과하게 되기 때문에 X값 계산 시에는 30%의 세율을 적용해 계산되었기 때문입니다. 증여세 대납 계산 결과, 납부세액이 1억 200만 원 선으로 나왔습니다.

다시 강조드리지만 아직 충분한 소득이 없는 자녀에게 증여를 생각한다면, 증여세 대납 부분까지 고려해 증여세를 계산해야 합니다. 만일 자녀가 증여세를 자력으로 납부할 능력이나 재산이 있어서 자녀가 증여세를 내거나, 증여한 재산이 현금이라 증여한 자녀의 계좌에서 증여세를 납부하는 경우에는 위의 계산을 거치지 않고 당초 신고 내용으로 신고해도 무방하다는 사실도 함께 알아두기를 바랍니다.

세금 없이 자녀에게
5억 원을 주는 방법

증여세 상담을 하다 보면 가장 많이 받는 질문이 있습니다. "증여세 없이 자녀에게 증여하는 방법은 없나요?" 이 질문에는 증여재산공제한도인 10년 이내 5,000만 원(미성년자 2,000만 원)보다 더 많은 액수를 증여하고 싶은데 증여세가 만만치 않으니 또 다른 절세 방법이 없냐는 뜻이 내포되어 있습니다. 이렇듯 고액 자산을 보유한 부모들은 어떻게 하면 한 푼이라도 더 많은 금액을 자녀들에게 물려줄 수 있을까 고민합니다. 현금 5억 원을 증여세 없이 자녀에게 줄 방법이 있는지, 자녀에게 계좌이체로 수억 원을 보내고 싶은데 이것이 나중에 빌미가 되어 세무조사가 나오는 것은 아닌지 등 다양한 고민으로 증여 상담을 요청하는 분이 많습니다.

세금 없이
현금 5억 원 증여가 가능하다?

제가 예전에 국세청 재산세과에서 근무할 당시 한 자산가가 현금 5억 원을 자녀에게 계좌이체하고 증여세를 신고하러 세무서를 방문한 적이 있습니다. 그때 8,000만 원가량 증여세가 나왔는데 고스란히 해당 금액을 납부하고 돌아갔었습니다. 그때 저는 그분이 창업자금증여특례를 신청했다면 세금을 한 푼도 내지 않고 증여할 수 있었을 것이라고 속으로 생각하며 아쉬워한 적이 있습니다. 맞습니다. 창업자금증여특례를 활용하면 합법적으로 세금 없이 자녀에게 5억 원 이상을 증여할 수 있습니다.

창업자금증여특례라는 말이 조금 생소할 것입니다. 창업자금증여특례는 2006년에 신설된 조항으로, 젊은 세대로의 부의 이전을 돕고 경제를 활성화시키고자 만들어진 제도입니다. 18세 이상인 자녀가 창업중소기업 등에 해당하는 업종을 창업할 목적으로 60세 이상의 부모(부모 사망 시 조부모)로부터 창업자금을 증여받은 경우 증여세과세가액에서 5억 원을 공제하고, 초과금에 대해서는 10%의 낮은 세율로 증여세를 과세합니다. 최대 50억 원까지 가능합니다만, 창업을 통해 10명 이상 신규 고용을 창출한다면 100억 원까지도 가능하니 잘 활용한다면 매우 유리한 제도라고 할 수 있습니다. 일반 증여 세율과 비교해보면 창업자금증여특례의 혜택이 얼마나 규모가 큰지를 한눈에 알 수 있습니다.

구분	일반증여	창업자금증여특례
증여재산가액	50억 원	50억 원
증여재산공제	5,000만 원	5억 원
과세표준	49억 5,000만 원	45억 원
세율	50%	10%
증여세 산출세액	**20억 1,500만 원**	**4억 5,000만 원**

구체적인 예를 들어보겠습니다. 자녀에게 이 제도로 줄 수 있는 최대 금액인 50억 원을 준다고 가정할 때 증여세는 얼마를 납부해야 할까요? 5억 원을 공제한 45억 원에 과세표준 10%만을 적용해 4억 5,000만 원의 증여세만 납부하면 됩니다. 하지만 이 제도를 몰라 일반 증여를 했다면, 50억 원에서 증여재산공제 5,000만 원을 제외한 나머지 금액의 과세표준 50%를 적용해 무려 20억 원가량의 증여세를 납부하게 됩니다. 창업자금증여특례를 활용했다면 15억 원 이상의 세금을 절세할 수 있다는 뜻입니다. 아는 만큼 절세가 가능한 것이지요.

창업자금증여특례
적용 요건

창업자금증여특례를 적용받기 위한 요건은 다음과 같습니다.

① 18세 이상 자녀가 증여받을 것

② 60세 이상의 부모(부모 사망 시 조부모)로부터 받을 것

③ 증여받은 날로부터 2년 이내 창업하고 4년 이내에 사용 목적에 전액 사용할 것

④ 창업 후 사업을 10년간 유지할 것

적용 요건에서 주의할 점은 창업 후 10년 이내 사업을 폐업하거나 휴업하지 않아야 한다는 것입니다. 사후관리 조건을 지키지 않으면 추후 증여받은 창업자금이 과세되어 세금을 추징당할 수 있으니 이 점을 유의해야 합니다. 또한 폐업 후 사업을 다시 개시해 폐업 전의 사업과 같은 종류의 사업을 하는 경우나 종전 사업을 승계 또는 종전 사업에 사용하던 자산을 인수해 동종사업을 영위하는 경우는 새로운 창업으로 인정되지 않으니 이 부분도 알아두면 좋겠습니다.

창업자금증여특례
업종 제한

창업자금증여특례를 적용받을 수 있는 창업 업종의 제한이 있습니다. 자녀가 어떤 업종으로 창업해야 혜택을 받을 수 있을까요? 국세법령정보시스템 사이트에 들어가면 이를 쉽게 조회할 수 있습니다. 「조세특례제한법」 제6조 3항에 해당 업종이 자세히 나와있습니

다. 음식점업, 출판업, 광고업, 예술 관련업 등이 가능하고 세무사업은 전문업종이라 제외된다고 명시되어 있습니다.

대한민국은 커피공화국이라고도 불리는데요. 청년들이 가장 선호하는 카페 창업을 할 때 창업자금증여특례를 받을 수 있을까요? 안타깝게도 카페는 해당 업종이 아닙니다. 커피전문점은 비알콜음료점업에 해당하기 때문입니다.

홈택스 홈페이지에 들어가서 업종코드를 확인하면 정확하게 알수 있습니다. 홈택스 홈페이지 → 세금신고 → 종합소득세 신고 → 신고도움 자료 조회에 있는 기준단순경비율(업종코드) 항목을 확인하면 조회가 가능합니다. 프랜차이즈는 가능할까요? 프랜차이즈 가맹점은 가능합니다. 음식점업은 음식점업, 간이 음식점업이라고 되어 있습니다. 그래서 음식점업으로 분류되는 프랜차이즈 가맹점도 가능한 것입니다.

창업 요건과 업종이 해당되어 이 특례를 받고자 결정했다면, 신고기한까지 증여세 과세표준 신고서와 함께 창업자금증여특례 신청 및 사용내역서를 작성해 세무서에 제출해야 합니다. 간혹 신청서도 작성하지 않고 자녀에게 5억 원을 먼저 이체한 후 나중에 창업자금으로 주었다고 주장하는 분들이 있습니다. 이는 인정되지 않습니다. 창업자금증여특례 신청서는 반드시 사전에 제출해야 한다는 것을 꼭 기억해야 합니다.

일반증여와의
차이점

앞서 일반증여와 창업자금증여특례의 세율을 비교해보았는데요. 또 다른 차이점이 있습니다. 일반증여와 달리 창업자금증여특례로 준 금액은 기간에 상관없이 상속세과세가액에 합산된다는 것입니다. 일반증여는 10년이 지나면 상속세 합산에서 제외되는 것과 다른 부분입니다. 더불어 동일인으로부터 증여받은 창업자금과 일반증여재산은 합산하지 않습니다. 만약 10억 원의 자산을 보유한 사람이 창업자금증여특례를 활용해 자녀에게 5억 원을 증여했는데, 자녀가 해당 자산을 활용해 창업한 후 100억 원의 가치로 사업을 성장시켰다고 가정해보겠습니다. 이 경우에도 처음 증여했던 5억 원만 상속세 계산 과정에 합산되고, 만약 상속 시점에 배우자가 있다면 10억 원까지 상속공제가 되어 상속세를 내지 않을 수 있습니다. 즉 증여세도 없고, 상속세도 없게 되는 것입니다.

증여하면 효도 못 받는다?
이젠 사전증여해야 대접받습니다

'미리 증여하면 효도를 못 받는다'라는 말이 있습니다. 증여에 대한 인식이 변화하고 있다지만, 제가 현장에서 만나본 60대 이상인 분들은 여전히 사전증여에 대해 부정적이라는 인상을 받았습니다. 재산을 미리 나누어주면 후에 자식들이 자신을 돌보아주지 않는다고 굳게 믿는 것이지요.

평균 수명이 요즘처럼 길지 않았던 과거에는 맞는 말이었을 수 있지만, 100세 시대를 살아가는 현재에는 더 이상 적용되지 않는 말일 뿐입니다. 이제는 사전증여를 해야 대접받는 시대로 들어섰다고 해도 과언이 아닙니다. 왜 그럴까요?

사전증여가
중요해진 이유

증여세, 상속세 절세의 기본원칙은 재산의 분산입니다. 10년 단위로 각종 공제한도를 활용해 증여를 권하는 것도 재산을 쪼개 절세를 도모하기 위함입니다.

상속세는 피상속인 재산의 총합계에 대해 세율이 적용되기 때문에 재산이 많은 자산가라면 사전증여를 진행해야 절세 효과를 높일 수 있습니다. 여기서 사전증여는 증여자의 결심과 의지가 무엇보다 중요합니다. 사망 이후 필수적으로 진행되는 상속과 달리 증여는 의지와 선택으로 진행되기 때문입니다.

또한 사전증여는 몇 년에 걸쳐서 장기적으로 진행되므로 적극적인 설계와 준비가 필요합니다. 언론에서 자주 보도하는 내용이지만, 2047년부터는 대한민국의 잠재성장률이 마이너스로 돌아설 수 있다는 전망이 보고되고 있으며, 또한 저성장, 저출산, 고령화 시대의 영향으로 생산인구 감소가 예상되고 있습니다. 이에 자녀세대가 부모보다 가난한 첫 세대가 될 것이라는 우려의 목소리도 커지고 있는 상황입니다.

따라서 부모가 경제적 능력이 된다면 하루라도 빨리 자식에게 어느 정도의 자산을 사전증여를 하는 것이 바람직합니다. 자녀세대의 경제적 자립과 재산 형성에 큰 도움이 될 것이기 때문입니다.

0세부터 10년 단위로
사전증여를 하면 일어나는 일

증여의 시작은 빠르면 빠를수록 좋습니다. 10년 단위로 동일인으로부터 받은 재산을 모두 합쳐 증여세를 계산하기 때문입니다. 그래서 부모가 여유가 된다면 자녀가 태어나자마자 증여를 시작하는 것이 가장 절세 효과가 크다고 할 수 있습니다. 0세부터 만 30세까지 10년 단위로 증여재산공제 한도 금액까지 증여한다면 증여세 없이 총 1억 4,000만 원까지 증여할 수 있습니다. 즉 30살 자녀는 무상으로 1억 4,000만 원을 얻는 것이지요.

요즘에 비대면으로 자녀의 주식계좌를 만드는 부모가 많은데요. 이렇게 증여한 금액을 통장에 두지 않고 주식 투자금으로 운용했을 경우 어떤 결과를 가져오는지 모의계산을 해보았습니다. 연 8%의 수익률을 냈다고 가정했을 경우에 1억 4,000만 원이 4억 5,000만

● 표 4-15. 0세부터 30세까지 세금 없이 증여 가능한 최대 금액 정리표

구분	증여가액(한도금액)
0세	2,000만 원
10세	2,000만 원
20세	5,000만 원
30세	5,000만 원
합계	1억 4,000만 원

구분	증여가액	1세	10세	20세	30세
0세	2,000만 원	2,160만 원	4,317만 8,500원	9,321만 9,143원	2억 125만 3,138원
10세	2,000만 원	-	2,000만 원	4,317만 8,500원	9,321만 9,143원
20세	5,000만 원	-	-	5,000만 원	1억 794만 6,250원
30세	5,000만 원	-	-	-	5,000만 원
합계	1억 4,000만 원	2,160만 원	6,317만 8,500원	1억 8,639만 7,643원	4억 5,241만 8,531원

* 증여재산공제액까지 증여

** 공제 가능한 금액까지 증여하므로 증여세는 0원

원 이상으로 불어납니다. 이는 증여세를 한 푼도 내지 않고 무상으로 얻을 수 있는 긍정적인 시나리오의 결과입니다. 만 30세면 직장인으로서도 사회초년생이라 수천만 원 단위의 목돈을 모으는 것도 쉽지 않은데, 부모로부터 2억 원에서 4억 원 정도의 거액을 받았다면 계좌를 보는 것만으로도 든든할 것입니다.

만약 자녀가 30세가 되었을 때 해당 금액을 한 번에 증여한다고 하면 증여세는 어떻게 계산될까요? 1억 4,000만 원을 한 번에 증여했을 때는 증여재산공제를 제외한 과세표준 9,000만 원에 대한 10% 세율로 계산해 증여세가 900만 원이 됩니다. 연 수익률 8%를 가정한 금액인 4억 5,000만 원을 한 번에 증여하는 경우 6,800만 원의 증여세가 나오게 됩니다. 자녀가 태어나는 해에 미리 계획을 해서 10년마다 증여를 실행했다면 증여세 없이 무상으로 증여할 수 있는 금액이지만, 한 번에 증여하니 증여세가 대폭 늘어난 것을 확인할 수 있습니다.

현금이 아닌 부동산을 증여하면 어떨까요? 부동산 중 아파트는 장기적으로 우상향하는 자산으로 평가받고 있습니다. 그런 믿음 속에 가장 선호하는 투자처이기도 합니다. 만약 1997년에 자녀에게 아파트를 증여했다면 어떤 결과가 나왔을지 실제 사례를 살펴보겠습니다.

B 씨는 1997년에 2억 5,000만 원에 구매한 잠실 주공 5단지 아파트를 20대 딸에게 증여했습니다. 당시 증여세 납부세액은 3,060만 원 선이었습니다. 현재 부동산 거래 감소로 호가가 다소 하락했지만 그래도 평균적으로 25억 원 이상으로 호가가 유지되고 있습니다. 만약 B 씨가 해당 아파트를 1997년이 아닌, 2022년에 25억 원에 증여했다고 가정해보겠습니다. 그렇다면 증여세는 얼마를 내야 할까요? 무려 7억 9,000만 원을 납부해야 한다는 계산이 나옵니다. 자산 가격은 10배 올랐지만 증여세는 26배로 훨씬 더 커졌습니다. 물가상승률을 감안하더라도 실질적인 세부담이 훨씬 더 커진 것입니다.

어떻게 이런 계산이 나온 걸까요? 증여세는 과세표준금액이 증가함에 따라 적용되는 세율도 높아지는 누진세율구조입니다. 따라서 자산이 클수록 고율의 세율이 적용되어 세부담이 커지게 되는 것이지요. 간혹 부동산 투자 시에 세금을 간과하는 분들이 있습니다. 계속 강조했듯이 부동산은 살 때, 보유할 때, 팔 때, 자녀에게 물려줄 때,

1997년		2022년	
증여재산가액	2억 5,000만 원	증여재산가액	25억 원
증여재산공제액	3,000만 원	증여재산공제액	5,000만 원
과세표준	2억 2,000만 원	과세표준	24억 5,000만 원
세율	20%	세율	40%
누진공제	1,000만 원	누진공제	1억 6,000만 원
산출세액	3,400만 원	산출세액	8억 2,000만 원
세액공제	340만 원	세액공제	2,460만 원
납부세액	3,060만 원	납부세액	7억 9,540만 원

상속할 때 등 모든 과정에 세금이 그림자처럼 따라다닙니다. 세금이 수익과 손실에 큰 영향을 미친다는 것을 꼭 기억하면 좋겠습니다.

 절세 원칙 QnA

Q. 증여재산공제한도에 맞추어 증여해서 증여세가 없다면 세금 신고를 해야 하나요?

A. 그렇습니다. 공제한도에 맞추어 증여하면 증여세는 없지만 세금 신고를 해야 합니다. 증여세 신고를 하는 경우 그 사용처에 대한 자금출처가 명백한 금액이 되지만, 신고하지 않고 무상증여한 금액으로 자녀가 부동산 구입이나 투자를 한다면 자금출처조사 대상자로 선정될 수 있습니다. 증여세가 없어도 증여할 때마다 증여세 신고를 하는 것이 곧 절세하는 길입니다.

내 빚도 같이 가져가라!
부담부증여로 절세하기

부동산에 관심이 있는 사람이라면 '부담부증여'라는 단어를 한 번쯤 들어보았을 것입니다. 부담부증여는 부동산에 담보된 대출이나 전세보증금이 있을 때 증여재산에 채무를 포함해서 증여하는 것을 말합니다. 부동산을 현금으로 매입하기보다 대출을 끼고 구입하는 경우가 대부분이므로 배우자나 자녀에게 부동산을 증여할 때 부담부증여를 잘 활용한다면 증여세 부담을 최소화할 수 있습니다. 수증자가 인수한 부동산의 채무가액은 증여로 보지 않으므로 그만큼 증여세가 줄어드는 효과가 있기 때문입니다.

하지만 부담부증여가 모든 상황에서 절세를 100% 보장하는 것은 아닙니다. 채무에도 세금이 붙기 때문입니다. 채무는 증여받는 사람에게 대가를 받고 넘긴 유상 양도로 봅니다. 증여자가 곧 양도자가 되어 추후 양도세를 납부해야 합니다. 그렇다면 어떻게 부담부증여로 절세할 수 있을까요?

부담부증여
절세 원리

부담부증여를 활용해 절세 효과를 높이기 위해서는 증여세는 물론, 취득세, 양도세까지 다각도로 세법을 따져보아야 합니다. 사례와 함께 순수증여와 부담부증여의 비교해 부담부증여의 절세 원리에 대해 알아보겠습니다.

다주택자인 60대 B 씨는 시가 10억 원 아파트를 직장에 다니는 30대 딸에게 증여하려고 합니다. 해당 아파트의 전세보증금은 6억 원이고, 2억 원의 주택담보대출이 잡혀 있는 상태입니다. 15년 전의 취득가액은 5억 원이었고, 지금까지 15년 이상 보유하고 있습니다. 해당 아파트를 순수하게 딸에게 증여했을 때와 부담부증여를 활용했을 때 총 납부세액은 어떻게 달라질까요?(편의상 조정대상지역, 취득세 및 양도세 중과는 배제합니다.)

먼저 순수증여하는 경우의 세금을 계산해보겠습니다. 증여재산가액 10억 원에서 증여재산공제 5,000만 원을 제외한 9억 5,000만 원에 대해 증여세 납부세액은 **2억 1,825만 원**입니다. 부담부증여를

순수증여		부담부증여		
증여세		증여세	양도세	
증여재산가액	10억 원	10억 원	양도가액	8억 원
채무액	-	8억 원	취득가액*	4억 원
증여재산공제	5,000만 원	5,000만 원	공제액	1억 2,250만 원
과세표준	9억 5,000만 원	1억 5,000만 원	과세표준	2억 7,750만 원
산출세액	2억 2,500만 원	2,000만 원	양도세	8,551만 원
세액공제	675만 원	60만 원	주민세(10%)	855만 원
납부세액	2억 1,825만 원	1,940만 원	총 납부세액	9,406만 원

* 취득가액 = 취득가액 5억 원 × (채무액 8억 원 / 증여재산가액 10억 원) = 4억 원

했을 경우 딸이 부담할 증여세는 증여재산공제 10억 원에서 채무액 8억 원과 증여재산공제를 제외한 1억 5,000만 원에 대한 증여세 납부세액인 **1,940만 원**입니다. 여기서 추가로 양도세도 따져보아야 합니다. 아파트에 포함된 채무에 해당하는 금액은 재산의 유상 양도로 보아 B 씨가 양도세를 부담해야 하기 때문이지요. 양도세는 증여세와 달리 양도차익에 대해 내는 것이므로 일반적으로 세금부담이 증여세보다는 낮은 편입니다. B 씨가 부담할 양도세는 **9,406만 원**입니다. 증여세와 양도세를 합한 금액은 **1억 1,346만 원**으로 순수증여 시 증여세와 비교하면 **약 1억 원 이상**의 세금을 아낄 수 있는 것입니다.

그러나 부담부증여가 무조건 절세에 유리한 것은 아닙니다. 취

● 표 4-18. 취득가액과 보유 기간을 달리한 순수증여 및 부담부증여 정리표

순수증여		부담부증여		
증여세		증여세	양도세	
증여재산가액	10억 원	10억 원	양도가액	8억 원
채무액	-	8억 원	취득가액*	1억 6,000만 원
증여재산공제	5,000만 원	5,000만 원	공제액	250만 원
과세표준	9억 5,000만 원	1억 5,000만 원	과세표준	6억 3,750만 원
산출세액	2억 2,500만 원	2,000만 원	양도세	2억 3,181만 원
세액공제	675만 원	60만 원	주민세(10%)	2,318만 원
납부세액	**2억 1,825만 원**	**1,940만 원**	**총 납부세액**	**2억 5,499만 원**

* 취득가액 = 취득가액 2억 원 × (채무액 8억 원 / 증여재산가액 10억 원) = 1억 6,000만 원

득가액이나 보유 기간이 짧을수록 그만큼 양도세 과세표준이 올라가게 되기 때문에 오히려 순수증여보다 더 높은 세율이 적용됩니다. 이렇게 되면 부담부증여를 했을 때 세금이 더 많이 나올 수가 있습니다. 방금 사례에서 **취득가액을 2억 원으로 보유 기간을 2년 6개월**로 가정하는 경우 결과는 표 4-18처럼 다르게 계산됩니다.

표 4-18의 계산내역처럼 취득가액과 보유 기간만 수정해 계산한 경우 결과는 완전히 달라지는 것을 알 수 있습니다. 오히려 부담부증여를 하면 5,614만 원의 세금을 더 납부하게 됩니다. 이렇듯 모든 상황에 통용되는 절세는 없다는 점을 꼭 명심하고 본인의 상황에 맞게 적절한 절세 계획을 세워야 합니다.

부담부증여의
장점 5가지

부담부증여의 장점은 다음과 같이 정리할 수 있습니다. 첫째, 증여세와 양도세를 나누어 계산하는 방식이라 총 세금이 줄어들 수 있습니다.

둘째, 수증자의 세부담을 줄일 수 있습니다. 부담부증여 시 증여자가 채무에 대해서는 양도세를 부담지기 때문에 총 세금을 분담하는 효과가 있습니다.

셋째, 증여자가 다주택자라면 부담부증여를 활용해 주택 수를 줄이고 종합부동산세 등의 재산세 부담도 줄일 수 있습니다. 만약 3주택자가 2주택자가 되어 종합부동산세 중과세율을 피한다면 더 큰 효과를 볼 수 있습니다.

넷째, 수증자가 무주택자라면 1세대 1주택이 되는데, 이때 비과세 요건을 충족한 다음 해당 주택을 양도한다면 양도차익에 대한 이익을 고스란히 얻는 결과를 만듭니다. 또한 부동산 상승가치에 대해서도 추가적인 증여세가 추징되지 않으므로 수증자의 재산 형성에 크게 기여할 수 있습니다.

다섯째, 사전증여의 효과로 미래의 상속세가 줄어듭니다. 사전증여로 승계한 부채는 증여로 보지 않습니다. 따라서 증여자가 10년 이내 사망한다고 하더라도 부담부증여로 받은 부채는 재산에 합산되지 않습니다.

부담부증여가
유리한 경우와 불리한 경우

부담부증여가 무조건 절세에 유리한 것은 아닙니다. 경우에 따라서는 부담부증여를 해서 더 많은 세금을 납부하기도 합니다. 부담부증여가 절세에 유리할 때와 불리할 때를 알아보겠습니다.

유리한 경우: 1세대 1주택 비과세 또는 양도차익이 적을 때

비과세 요건이 충족되었거나 양도차익이 적은 부동산을 부담부증여한다면, 양도세가 적거나 없고, 증여세도 줄어들어 유리한 경우에 해당합니다. 앞서 B 씨가 다주택자가 아니라 1세대 1주택자였다면 비과세 적용받아 양도세가 0원이 되고, 설령 시가가 12억 원이 넘는 고가주택이더라도 장기보유특별공제의 혜택으로 세부담도 현저히 줄어듭니다. 양도차익이 적은 상황에서 부담부증여는 취득가액을 차감한 양도차익에 대해 세율이 적용되어 시가 그대로 세율을 적용하는 순수증여에 비해 세부담이 줄어들 수 있는 것입니다.

이처럼 부담부증여는 양도세가 비과세되어 없거나 양도차익이 작아 양도세가 적을 때 가장 효과적입니다. 과세표준 30억 원이 넘어가면 증여, 상속세율이 50%를 적용받는데, 이때 사전증여를 하고 증여재산가액을 낮추어 증여세 누진세율을 줄이는 방법으로 부담부증여를 활용하기도 합니다.

불리한 경우: 양도차익이 크고 보유 기간이 짧은 부동산일 때

증여자가 양도차익이 큰 주택을 보유하고 있다면 상황이 달라집니다. 증여세 감소분보다 양도세가 더 커질 우려가 있기 때문입니다. 그리고 보유 기간이 짧은 경우 장기보유특별공제 혜택 역시 줄어들기 때문에 이런 경우에는 굳이 부담부증여를 활용할 필요가 없습니다. 잘못하다가는 증여는 적어지고 세금은 더 많이 낼 수도 있으니 말입니다. 증여세를 줄일 수 있다고 해도 취득세, 양도세까지 더한 총 납부세액은 커질 수밖에 없습니다. 아무리 납부할 여력이 있는 자녀라 할지라도 애초에 세부담을 줄이기 위한 증여의 목적에 한참 벗어난 선택이 아닐 수 없습니다.

부담부증여
주의 사항

부담부증여를 할 때 몇 가지 확인해야 할 주의 사항이 있습니다. 먼저 다음 요건을 충족해야 합니다. 증여일 당일 기준 증여재산에 담보된 대출금이나 전세보증금 등의 채무가 있어야 하고, 배우자나 자녀 등 증여받는 자에게 이전되는 채무는 반드시 증여자의 채무여야 합니다. 즉 제3자의 채무나 증여자의 신용대출 등은 성립되지 않으니 유의해야 합니다. 그리고 반드시 수증자가 이 채무를 인수해야 합니다. 따라서 수증자가 자녀라면 자녀의 납부 여력을 반드시 고려해야 합니다.

세법에서는 배우자나 직계존비속 간의 부담부증여는 단순증여로 추정합니다. 채무인수를 객관적으로 입증할 수 있을 때만 부담부증여가 성립되는 것입니다. 부담부증여를 할 때 증여계약서상 증여자의 채무를 수증자에게 이전한다는 내용을 명확히 기재하고, 채무자 변경 등 채무이전에 대한 서류도 갖출 필요가 있습니다. 간혹 부모가 자녀에게 부담부증여를 하면서 해당 부채를 자녀를 대신해서 갚아주려고 계획하기도 하는데, 이는 위험한 생각입니다. 소득이 없는 자녀나 자력으로 채무를 갚을 능력이 없는 미성년 자녀와는 부담부증여 자체가 성립되지 않습니다.

국세청 전산에 부담부증여에 따른 채무관리가 지속적으로 진행되고 있다는 점도 알아두기를 바랍니다. 국세청은 국세행정시스템을 통해 수증자가 아닌 타인이 대신 채무를 갚고 있는 것은 아닌지 부채내역, 채무만기일, 채권자의 변동 등을 모니터링하며 철저하게 사후관리를 합니다. 당장의 증여세를 줄이고자 부담부증여로 신고해서 적은 세금을 낸 후, 수증자가 인수했던 채무를 증여자가 대신 상환해주다가 추가로 증여세를 추징당하거나 탈루로 분류되어 가산세를 내는 사례도 자주 있습니다.

또한 증여받은 주택의 임대소득으로 인해 건강보험료의 피부양자 자격이 박탈될 수도 있으니 유의해야 합니다. 피부양자였던 자녀가 임대소득이나 사업소득이 발생하면 지역가입자로 건강보험료가 부과될 수 있습니다. 이렇듯 부담부증여를 고려하고 있다면 장단점,

요건, 주의 사항까지 꼼꼼하게 점검하고, 다양한 상황의 시뮬레이션을 진행해 세금을 비교하는 것이 선행되어야 할 것입니다.

결혼하면 3억 원까지
증여세 0원?

2023년 무더위가 기승을 부리던 무렵 뉴스를 비롯한 각종 언론에서 헤드라인으로 자주 사용했던 문구가 있었습니다. 바로 '결혼하면 3억 원까지 증여세 0원'이라는 내용의 보도자료와 관련 기사들이 쏟아졌습니다. 매년 7월 말이 되면 기획재정부에서 발표하는 세법개정안에 혼인 증여재산공제에 대한 내용이 담겨 있었습니다. 그리고 이번에 혼인 전과 후 2년 이내에 증여를 받는 경우 5,000만원 증여재산공제와 별도로 1억 원까지 추가로 공제를 해주겠다는 개정안이 발표되었습니다. 즉 남편과 아내가 양가로부터 각각 1억 5,000만 원씩 증여를 받아서 최대 3억 원까지 증여세가 없다는 내용입니다.

세법개정안이 발표되었다고 해서 해당 내용대로 확정되는 것은

증여자 (주는 사람)	배우자	직계존속 (부모, 조부모)	직계비속 (자녀,손자녀)	기타 친족
공제금액	6억 원	5,000만 원 (미성년자 2,000만 원)	5,000만 원	1,000만 원

아닙니다. 국회의결을 통해 개정안이 통과되어야 비로서 시행되기 때문에 세무사들을 비롯한 전문가들 사이에서 해당 내용을 두고 반신반의를 하는 목소리가 많았습니다. 정책의 목적은 혼인을 장려해 출산율을 높이고자 한다는 바람직한 내용이었지만, 실제 국회에서 여야의 합의가 이루어질지가 미지수였습니다. 과연 1억 원 추가 공제로 실제 혼인율이 올라갈 것인지에 대한 의심의 목소리도 나왔습니다.

이 개정안은 어떻게 처리되었을까요? 물론 이미 알고 있는 분들은 아는 내용이지만, 국회에서 통과가 되었습니다. 더구나 혼인뿐 아니라 출산하는 경우에도 공제를 해주겠다는 내용으로 국회를 통과한 것입니다. 이번에는 2024년 1월 1일부터 새롭게 시행되고 있는 「상속세 및 증여세법」 제53조의 2에 해당하는 '혼인·출산 증여재산 공제'에 대해 알아보도록 하겠습니다. 먼저 복습하는 차원에서 증여자별 증여재산공제 금액을 다시 확인해보겠습니다.

표 4-19의 내용처럼 증여해주는 사람에 따라 10년간 증여받은 금액에서 일정 금액을 차감하고 나머지 금액에 대해서 증여세를 계산합니다. 예를 들어 성년인 자녀가 부모나 조부모로부터 증여를 받

는 경우 5,000만 원까지는 공제가 가능하다고 이해하면 됩니다. 여기에 일정 요건을 충족하면 1억 원까지 추가로 공제해주는 혼인·출산 증여재산 공제조건에 대해 설명드리도록 하겠습니다.

혼인 및 출산한 분들이 알아야 할
혼인·출산 증여재산공제

새롭게 만들어진 혜택은 '누가 받을 수 있는지'와 '어떻게 해야 받을 수 있는지'가 중요한 부분입니다. 먼저 '누가 받을 수 있는지'에 대해 살펴보겠습니다. 법 내용의 가장 첫 항은 **"거주자가 직계존속으로부터"**라는 문구로 시작됩니다. 거주자만 해당 규정을 적용받으며 부모 또는 조부모로부터 자녀가 증여를 받는 경우에 한정해 공제를 받을 수 있습니다. 한편 요즘에는 황혼 이혼이 늘어나고 있어 재혼하는 경우도 늘고 있습니다. 부모가 재혼한 후에 자녀에게 증여를 받는 부분에 대한 것은 공제 대상이 아닙니다. 신설된 이 세법에서는 증여인(주는 사람)을 한정해 규정하고 있습니다.

다음으로는 '어떻게 해야 받을 수 있는지'에 대한 내용입니다. 법 조문의 제목 그대로 혼인 또는 출산이 중요한 키워드입니다. 혼인의 경우 혼인 전과 혼인 후로 나누어집니다. **혼인 전**인 경우 먼저 증여를 받은 후 증여받은 날로부터 2년 이내에 혼인하게 되면 요건에 충족되어 공제를 받을 수 있습니다. **혼인 후**인 경우 혼인한 날로부터

2년 이내에 증여를 받는다면 공제를 받을 수 있습니다. 그러면 어느 날을 혼인한 날로 판단할까요? 법에서는 혼인관계증명서상의 신고일을 그 기준으로 규정하고 있습니다. 요즘은 여러 이유로 결혼식을 했지만 혼인신고를 미루는 신혼부부가 많습니다. 만약 혼인신고를 하지 않았다면 세법의 관점에서는 혼인을 하지 않은 것으로 보기 때문에 이 점을 염두에 두어야 합니다.

다음으로는 국회의결과정에서 추가된 내용인 출산 또는 입양을 하는 경우에도 혼인과 마찬가지로 출산일로부터 2년 이내에 증여를 받는다면 1억 원까지 추가로 공제를 받을 수 있습니다. 개정 목적이 인구감소에 따른 출산율을 높이고자 하는 것이기 때문에 추가로 출산규정까지 마련했다고 볼 수 있습니다. 즉 혼인은 하지 않았지만 출산을 한 미혼모에게도 혜택이 주어질 수 있도록 내용이 추가된 것입니다. 이 역시 기준일이 중요합니다. 출산의 경우 출생신고서상 출생일을 말하며, 입양의 경우 입양신고일이 기준일이 된다는 점도 알아두면 좋습니다. 지금까지 설명드린 혼인·출산 증여재산공제의 요건을 정리하자면 다음과 같습니다.

① 혼인 전은 증여일로부터 2년 이내에 혼인신고, 혼인 후는 혼인신고일로부터 2년 이내에 증여

② 출산 전에는 공제가 불가하지만 출산 후에는 출생일 또는 입양신고일로부터 2년 이내에 증여

그렇다면 혼인 후 출산까지 하면 1억 원에 추가로 1억 원을 공제받아 총 2억 원까지 공제받을 수 있는 걸까요? 안타깝게도 그렇게 중복으로 적용되지 않고 총 한도 1억 원만 공제를 받을 수 있습니다. 즉 혼인과 함께 출산까지 하더라도 공제받을 수 있는 금액이 1억 원인 것입니다. 저는 개인적으로 출산에 대한 한도가 아쉬웠습니다. 저출산 대책으로 출산을 장려하는 차원에서 출산한 아이 한 명당 1억 원씩 공제해주는 내용으로 신설이 되었으면 어땠을까 하는 생각이 들었습니다.

혼인·출산 증여재산공제의 요건을 충족하지 못한 경우

출생이나 입양의 경우 이미 요건을 충족했기 때문에 요건을 충족하지 못했을 때에 대한 별도 규정이 없지만, 혼인의 경우 증여일로부터 2년 이내에 혼인을 하지 않을 수도 있고 혼인을 한 뒤에 돌연 혼인신고가 무효가 될 수 있습니다. 이러한 상황에 대비해 다음과 같은 규정을 마련해놓고 있습니다.

첫째, 증여받은 재산을 반환하는 경우입니다. 혼인 전에 증여를 받아 공제를 했지만 약혼자의 사망, 생사불명, 파혼 등의 사유로 혼인을 하지 못하는 부득이한 사유가 발생했다고 가정하겠습니다. 이런 상황에서 발생한 달의 말일부터 3개월 이내에 증여자인 직계존속에게 **반환을 하는 경우** 애초에 증여가 없는 것으로 보아 증여세를 과세하지 않습니다.

둘째, 증여받은 재산을 반환하지 않는 경우입니다. 첫째 경우와 마찬가지로, 혼인 전에 증여를 받아 공제를 받았지만 증여일로부터 2년 이내에 혼인을 하지 않았다고 가정하겠습니다. 이런 상황에서 2년이 되는 달의 말일부터 3개월 이내에 기한 후 신고 또는 수정신고를 했다면, 증여세를 신고를 하지 않았거나 적게 신고한 부분에 대한 무신고가산세, 과소신고가산세, 납부지연가산세를 부과하지 않고 일정 이자상당액을 증여세와 함께 납부해야 합니다.

셋째, 둘째 경우와 마찬가지로 재산을 반환하지 않았지만 실제로 혼인을 했다가 혼인무효의 소를 통해서 혼인이 무효가 되는 경우입니다. 혼인취소와 달리 혼인무효는 처음부터 혼인의 효력이 없다는 것으로 판단합니다. 혼인무효 소송에 의해서 확정판결을 받았다면 그 판결일이 속하는 달의 말일로부터 3개월 이내에 둘째 경우와 마찬가지로 기한 후 신고, 수정신고를 했다면 일정 이자상당액만 증여세와 함께 납부해야 합니다.

사실 첫째와 둘째의 경우 증여일로부터 2년 이내에 혼인을 하지 않은 건 동일합니다. 약혼자의 실제 여부, 혼인을 할 수 없었던 부득이한 사유 등은 구체적으로 입증하기 어려운 부분이기 때문에 재산의 반환 여부로 판단할 수밖에 없습니다.

 **절세 돋보기**

혼인·출산 증여재산공제는 2024년 1월 1일 이후 증여에 대해서만 적용

법이 개정되거나 새롭게 신설되는 경우 가장 중요하게 따져보아야 하는 부분이 바로 시행일입니다. 언제부터 적용이 되는지에 따라 공제 여부가 판가름 나기 때문입니다. 혼인·출산 증여재산공제 규정은 정확히 2024년 1월 1일 이후에 증여를 받은 부분에 대해서만 적용됩니다. 앞서 설명드린 공제 요건에 충족한다고 하더라도 증여 시점이 2024년 1월 1일 이전이라면 적용될 여지가 전혀 없습니다. 예를 들어 2023년 12월에 증여를 받고 2024년 1월에 혼인 또는 출산을 하더라도 공제를 받을 수 없는 것이고, 반대로 2023년 12월에 혼인 또는 출산을 하고 2024년 1월에 증여를 받았다면 이 경우 공제가 가능한 것입니다. 즉 증여일은 무조건 2024년 1월 1일 이후에 이루어져야 한다는 점을 꼭 기억해야 합니다.

증여세 없이 10억 원 가치의 집을 물려주는 방법이 있다?

과거 정부에서 시행한 양도세 중과 규제로 다주택자의 중과 세율이 최고 82.5%에 달했을 때가 있었습니다. 그 시기 다주택자분들은 집을 팔고 싶어도 과도한 양도세 부담 때문에 집을 팔 수 없는 상황에 놓였습니다. '이익의 80% 이상을 세금으로 낼 바에야 차라리 자식에게 증여하는 게 낫겠다'라고 생각하며 증여를 선택한 분도 많았습니다.

부동산 증여 관련 상담하시는 분들이 공통적으로 하는 질문이 있습니다. 바로 '증여세 없이 자녀에게 증여하는 방법이 있느냐'라는 질문이지요. 결론부터 말씀드리자면 증여세 없이 3억 원까지 증여할 수 있습니다.

증여세 절세의 기술,
저가 거래

자녀에게 증여의 목적으로 부동산을 양도하고 싶을 때 세법에서 명시하는 **저가 거래**를 활용한다면 시가보다 낮은 금액으로 증여할 수 있습니다. 자녀에게 부동산을 팔 때 가능하다면 최대한 싸게 내놓고 싶은 것이 부모 마음이겠지요. 그렇다면 얼마나 낮은 가격으로 팔 수 있을까요?

「상속세 및 증여세법」 제35조 시행령 제26조 2항에 따르면 특수관계인 간 거래 시 시가의 30% 또는 3억 원 중 적은 금액까지는 매매로 양도한다면 증여로 보지 않는다고 명시되어 있습니다. 세법에서는 부모와 자식 간의 거래는 원칙적으로 증여로 추정합니다. 하지만 객관적 자료를 바탕으로 유상매매 거래를 입증한다면 증여가 아닌 정상적인 매매거래로 인정받을 수 있습니다. 부모와 자식 간 증여가 아니라 매매라는 것을 입증하기 위해서는 실제 매매거래를 뒷받침하는 객관적인 증빙을 갖추어야 합니다.

과세관청에서 주의 깊게 보는 포인트 중 하나는 '적정한 매매가액으로 거래했는지'입니다. 세법 기준을 넘어서 지나치게 싸게 부동산을 넘겼다면 거래가 아닌 증여로 판단할 여지가 큰 것입니다. 그래서 특수관계인 간의 매매거래에서는 세법에서 명시한 시가의 30%와 3억 원 중 적은 금액이라는 저가 거래 한도를 반드시 지켜야 하는 것이지요.

알수록 돈이 되는 부동산 절세 전략

예를 들어 현재 시가 기준 10억 원의 아파트를 소유한 D 씨가 이 주택을 저가 거래를 활용해 성인 자녀에게 팔고 싶다면 양도 금액을 최대 7억 원까지 낮추어 팔 수 있습니다. 10억 원의 주택을 7억 원에 양도하는 것이기에 3억 원만큼 무상으로 증여한 셈이지요. 3억 원에 대한 증여세는 한 푼도 내지 않아도 되니 정말 효과적인 절세법입니다. 특히 일시적 2주택자나 1세대 1주택자 중 비과세에 해당하는 분이라면 더없이 좋은 절세 방법이 될 수 있습니다. '증여세 없이 10억 원 집을 물려줄 수 있다'는 이야기가 괜히 나온 것이 아닙니다.

증여세 줄이려고 하다가
양도세 폭탄 맞는다?

하지만 저가 거래할 때 내야 할 세금이 아예 없다는 뜻은 아닙니다. 증여세 부담이 크게 줄어드는 대신, 양도세를 꼼꼼하게 따져보아야 합니다. 증여세는 증여받는 대상, 즉 자녀가 납부하는 것이기에 자녀의 세부담은 없습니다. 하지만 세법에 따라 양도세는 파는 사람인 부모가 내는 세금입니다.

경우에 따라 저가 거래 시에 양도세 계산 기준이 달라집니다. 특수관계인과 거래하는 경우 또는 시가와 거래가액의 차액이 3억 원 이상이거나 시가의 5%에 상당하는 금액 이상일 경우에는 양도세를 계산할 때 부당행위계산부인 규정을 적용해 계산합니다. 의도적으로 특수관계인과의 거래를 통해 조세 부담을 부당하게 감소시킨 것으로 보기 때문이지요.

부당행위계산부인 규정을 적용하면 시가를 양도가액으로 두어 양도차익을 계산하게 됩니다. 앞서 말씀드린 D 씨의 사례로 설명드리자면 자녀에게 싸게 판 7억 원이 아니라 시가에 해당하는 10억 원을 기준으로 양도세가 계산되어 부모가 내야 할 양도세 부담이 커집니다. 앞서 저가 거래를 통해 절세 효과를 보는 분들로 일시적 2주택자나 1세대 1주택자 중 비과세에 해당하는 분들을 꼽았는데, 그 이유가 바로 이분들은 양도세 부담이 없는 조건이기 때문입니다.

부모와 자식 간 매매 시 확인해야 할 세 가지

세법에서 부모와 자식 간의 거래는 원칙적으로 증여로 본다고 말씀드렸지요. 저가 거래는 시군구청 실거래가 소명 및 국세청 자금출처조사 등이 들어올 확률이 높은 편입니다. 따라서 증여가 아니라 특수관계인 간의 매매거래라면 다음의 세 가지를 꼭 확인해야 합니다.

첫째, 자녀가 해당 부동산을 취득할 경제적 여력이 있는지 확인하기

부동산을 매수한 자녀가 그 재산을 살 수 있는 경제적 여력이 있는지를 입증할 수 있어야 합니다. 자녀의 세금 신고 후 소득금액이나 본인 소유의 재산, 처분 금액, 상속 또는 증여받은 재산, 자녀 명의의 은행 대출 등 자금출처를 명확하게 하는 것이 중요합니다.

둘째, 부동산 거래 증빙 갖추기

실제 부동산 매매거래를 통해 양도자인 부모의 계좌로 자금이 이체되어야 합니다. 또한 정상 거래를 입증할 수 있는 부동산 매매계약서, 은행 이체내역 등이 필요합니다.

셋째, 적정거래가 맞는지 확인하기

세법에서 명시한 시가의 30% 또는 3억 원 중 적은 금액으로 팔아야 증여세를 피할 수 있습니다. 10억 원 이상의 아파트라면 최소 시가의 70% 이상의 금액으로 팔아야 하고, 10억 원이 넘는다면 시가에서 3억 원만큼만 금액을 낮추어야 증여로 과세되지 않습니다.

증여세, 상속세에 관한
흔한 오해 10가지

가족 구성원 사이에서 금전적 거래는 하루에도 수십 번씩 빈번하게 이루어지는 만큼 일상생활과 밀접하게 관련이 있습니다. 그래서인지 증여세, 상속세에 대한 근거 없는 속설이 많습니다. 유튜브 등 인터넷에서 '가족 간 계좌이체 잘못하면 세금 폭탄 맞는다.' '부모 자식 간에 생활비도 증여세 대상이다.' 등의 떠도는 말이 많습니다. 이 소문들은 과연 사실일까요? 아니면 터무니없는 소문일까요? 이번에는 흔하게 널리 퍼져 있는 증여세, 상속세에 대한 대표적인 오해 10가지에 대한 진실과 궁금증을 법령과 판례를 통해 자세히 풀어드리도록 하겠습니다.

부모와 자식 간에 오가는 용돈, 생활비도 증여세를 내야 한다?

　부모와 자식 간에 오가는 용돈이나 생활비도 증여세를 내야 하는지를 많이 궁금해합니다. 「상속세 및 증여세법」 46조 5호에 따르면 사회 통념상 인정되는 **이재구호금품, 치료비, 피부양자의 생활비, 교육비**, 그 밖에 이와 유사한 것으로서 **대통령령으로 정하는 것**은 증여세를 부과하지 않는다고 규정하고 있습니다. 또한 「상속세 및 증여세법」 시행령 제35조에서는 **대통령령으로 정하는 것**의 구체적인 지출 용도가 나와 있습니다. 내용에 따르면 첫째 **학자금 또는 장학금**과 이와 유사한 금품, 둘째 **기념품·축하금·부의금** 기타 이와 유사한 금품으로서 통상 필요하다고 인정되는 금품, 마지막으로 **혼수용품**으로서 통상 필요하다고 인정되는 금품이 해당됩니다. 즉 **부모와 자식 간에 오가는 용돈, 생활비 등은 세법상 증여세 비과세 대상**입니다. 용돈, 생활비, 치료비, 교육비 등의 용도에 맞게 사용할 경우에는 아무런 문제가 되지 않습니다.

　하지만 똑같은 금액이라도 계좌이체한 돈의 성격에 따라 증여세가 나올 수도 있고 그렇지 않을 수도 있습니다. 세법에서는 '**사회 통념**'이라는 용어로 증여세가 비과세되는 돈을 규정하고 있기 때문입니다. 그렇다면 법에서 말하는 사회 통념이란 무엇일까요? 국어사전에서는 '사회 일반에 널리 퍼져 있는 공통된 사고방식'이라고 정의하고 있습니다. 사회 통념이라는 말이 아무래도 추상적이다 보니 숫자로 계산되는 세금에는 어느 수준까지가 사회 통념이라고 정의하기가 어렵고, 개별 상황에 따라 어느 정도 바뀔 수밖에 없습니다.

부양의무의 여부도 중요합니다. 비과세 되는 증여재산에서 명시한 것처럼 피부양자의 생활비, 교육비, 이와 유사한 것을 비과세 대상이라고 규정하고 있습니다. 따라서 부양의무의 여부도 따져보아야 합니다. 「민법」 974조 부양의무자 기준에 따르면 1호 직계혈족 및 배우자 간, 3호 생계를 같이 하는 기타 친족을 부양의무자를 정의하고 있습니다. 보통 조부모는 부양의무가 없다고 할 수 있지만, 부모가 돌아가셨거나 부모가 생계를 유지할 경제적 형편이 안 된다면 부양의무가 있다고 판단할 수 있습니다.

자녀 해외 유학비, 교육비는 비과세 된다?

자녀의 교육비, 해외 유학비도 비과세 대상입니다. 하지만 경우에 따라 사회 통념에 부합하는지, 부양의무가 있는지, 자녀가 자력으로 생활이 가능한지 등의 조건을 따져볼 필요가 있습니다. 이해를 돕기 위해 실제 비과세 인정된 사례를 들어 설명드리도록 하겠습니다.

C 씨는 해외 유학으로 박사과정을 밟은 후 해외 연구원에 취직한 아들이 있습니다. C 씨는 아들의 해외 유학비로 4년간 10회에 걸쳐 한화 약 1억 6,000만 원을 송금했습니다. 국세청은 C 씨가 아들

에게 보낸 해외송금자료를 근거로 3,200만 원의 증여세를 과세했습니다. C 씨는 억울함을 호소하며 불복했고, 다툼 결과 조세심판원에서 비과세로 인정해 증여세 과세가 취소되었습니다.

그 이유는 이렇습니다. C 씨 아들이 소득수준과 생계에 필요한 비용을 따져보니 아들의 소득이 연간 4만~5만 달러 정도였고 해외에서 생활하는 데 필요한 주택임차료, 가족 생활비로는 부족한 금액이었습니다. 즉 자력 생활이 어렵기에 아버지로부터 교육비와 생활비를 받을 수밖에 없었다고 인정한 것입니다. 해당 비용이 비과세로 인정되어 증여세 과세가 취소된 사례입니다.

하지만 자녀의 유학비, 교육비 명목으로 자녀에게 이체를 해주었는데 사회 통념상 교육비라고 하기에 그 금액이 지나치게 많거나, 자녀가 해당 비용으로 사치품을 구입하거나 호화생활을 영위했다면 비과세가 될 수 없습니다. 또한 자녀의 교육비 명목으로 이체를 했는데, 자녀가 그 돈의 일부를 모아 부동산이나 주식 등 자산을 모으는 경우도 당연히 비과세 대상이 아니라는 것을 알아두기를 바랍니다.

부부간 생활비 이체도 증여세 대상이다?

부부끼리 주고받는 생활비도 증여세 대상이라는 소문도 흔한 오해 중 하나입니다. 부부는 '경제공동체'입니다. 따라서 부부간 금전대차거래는 공동생활을 영위하기 위한 생활비로 보는 것이 일반적입니다. 부부끼리 생활비를 수시로 이체했다고 해서 현금증여로 간주하지 않는 것입니다.

하지만 인터넷에서 조금만 검색해도 부부간 생활비 이체로 증여세를 냈다는 내용의 기사가 쏟아집니다. 왜 그런 것일까요? 서술된 기사 내용을 잘 살펴보아야 합니다. 기사 내용의 대부분이 부부간에 이체한 금액이 생활비로 보기에는 고액의 금액을 이체했다거나, 부동산이나 주식 등 자산 증식에 배우자에게서 받아온 현금을 활용한 경우입니다. 부부간에 생활비를 명목으로 한 자금을 모아 부동산, 주식 등을 사거나 예금, 적금을 든다면 비과세 대상으로 볼 수 없습니다. 즉 고액 현금증여를 생활비라고 우겼다가 증여세 폭탄을 맞았다며 하소연하는 사례가 대부분인 것이지요.

그래서 부부를 포함한 가족 간에 계좌이체할 때는 반드시 통장 메모 등으로 간략한 내용을 남기는 것이 좋습니다. 기록된 메모는 유용한 소명 자료가 되기 때문입니다.

생활비로 적어서 계좌이체하면 증여세 없이 현금증여가 가능하다?

국세청은 세무조사를 할 때 계좌이체 내역을 조회해 현금증여가 있었는지를 확인합니다. 앞서 말씀드린 바와 같이 실제 생활비를 계좌이체를 할 때 내용을 '생활비'로 써 놓으면 나중에 이체 이유를 파악할 수 있기 때문에 소명이 수월해집니다.

하지만 무조건 내용에 생활비라고 적혀 있다고 비과세되는 것은 아닙니다. 가족 구성원의 소득여부에 따라 달라질 수 있는데요. 소득이 없는 가족에게 통상적인 수준으로 송금한 생활비는 증여세가 과세되지 않지만, 소득이 있는 가족에게 생활비 명목으로 송금하는 경우에는 증여세가 과세될 수 있습니다.

교육비도 마찬가지입니다. 예를 들어 부모가 자녀를 양육할 수 있는 소득이 있는데 조부모가 손자녀에게 교육비나 유학비를 지원해주었다면 해당 금액은 증여세 과세 대상입니다(재산세과-4168, 2008.12.10). 부양의무가 없는 조부모가 손자녀의 생활비 또는 교육비를 명목으로 준 돈도 비과세되는 증여재산에 해당하지 않는다는 사례도 있습니다.

자녀 결혼식 축의금으로 산 아파트는 증여세 비과세 된다?

결혼 축의금은 무상으로 받는 금전이지만 통상적인 수준의 금액이라면 증여세가 부과되지 않습니다. 해당 축의금으로 신혼집 등 자산을 구입했을 경우도 마찬가지로 증여세 문제가 발생하지 않습니다. 앞서 설명드렸듯이 결혼할 때 부모가 일상적인 혼수용품을 해주는 것도 비과세 대상입니다. 다만 통상적이지 않은 수준의 축의금이나 혼수용품, 사치용품, 주택, 자동차 등은 증여세 과세 대상입니다.

또한 축의금으로 자산을 구입할 때는 **'누구에게 귀속된 축의금이냐'**에 따라 증여세 과세 여부가 달라집니다. 결혼 당사자와의 친분관계에 따라 직접 관련이 있는 축의금은 신혼부부에게 귀속되지만, 혼주에게 귀속된 축의금으로 자산을 구입하는 경우에는 부모로부터 현금을 증여받은 것으로 보아 증여세가 부과될 수 있습니다.

일례로 아들의 증여세 관련된 판례가 있는데요. 아들이 구입한 채권의 취득자금출처가 자신의 결혼 축의금 20억 원이라고 주장했지만 받아들여지지 않았습니다. 그 축의금 20억 원은 아버지에게 귀속된 것이다 라고 판결한 것입니다(서울고등법원 2008-누-22831, 2010.02.10). 그렇기에 축의금으로 자산을 취득할 계획이 있는 경우라면 신랑·신부와의 친분 관계를 확인할 수 있도록 방명록 등을 보관하는 것이 좋습니다.

부모와 자식 간에 차용증만 쓰면 증여세가 부과되지 않는다?

자금출처 관련 상담을 하다 보면 '차용증이 있으면 다 된다'라고 착각하시는 분들이 의외로 많습니다. 부모와 자식 간에 차용증만 쓰면 증여세가 부과되지 않는다고 쉽게 믿습니다. 하지만 부모와 자녀의 금전거래는 차입금으로 인정받기가 쉽지 않습니다. 세법상 부모와 자식 간의 금전거래는 원칙적으로 증여로 보기 때문입니다. 제3자 간에 주고받는 통상적인 차용증과 같은 형식과 내용을 갖추어야 하고, 실제로 자녀가 차용증 내용대로 이자를 지급해야 증여가 아닌 차입금으로 본다는 다수의 판례가 있습니다. 차용증만 쓰고 이자를 지급하지 않는다면 차입금이 아닌 증여로 보아 증여세가 부과될 수 있는 것입니다.

차입금으로 인정되면 당장 증여세는 부과되지 않지만, 국세청은 차용증에 따른 이자지급 및 원금상환 여부를 지속적으로 확인하고 있습니다. 만약 차용증에 적혀 있는 내용과 달리 약정된 이자를 지급하지 않거나, 만기에 원금을 상환하지 않는다면 해당 금액이 애초에 차입금이 아니었던 것으로 판단하면서 증여세를 부과할 수 있으니 유의해야 합니다.

또한 부모로부터 빌린 돈을 상환하던 중에 부모님이 돌아가셔서 원금을 갚지 못하게 될 경우 원금은 상속재산에 포함됩니다. 자칫하다가는 자녀가 이자를 지급해왔음에도 상속세까지 낼 수 있는 것입니다. 당장의 증여세를 아끼려다 상속세 부담으로 돌아올 수도 있기 때문에 이자는 물론 원금의 일부도 함께 상환하는 것도 하나의 대비책이 될 수 있습니다.

증여, 상속세 신고하면
무조건 세무조사 받는다?

증여세와 상속세는 정부 부과세목으로 신고되어 확정하는 것이 아니라, 국세청에서 결정해야 확정이 되는 세목입니다. 증여세, 상속세 신고를 하면 국세청 재산세과 담당자들이 자료를 검토해 결정하는 절차를 반드시 거칩니다. 세무조사는 과세 여부를 결정하는 과정 중의 하나일 뿐입니다. 인력이 한정적이다 보니 모든 신고에 대해 세무조사를 할 수는 없는 것입니다.

간혹 증여세 신고를 하면 자신의 계좌를 다 확인할 것 같아서 오히려 증여세 신고를 안하려는 분들도 있는데요. 신고를 했다고 해서 국세청에서 계좌를 들여다볼 수는 없습니다. 상속세의 경우에도 마찬가지로 상속재산가액이 소액이면서 신고의 내용에 문제가 없다면 세무조사 없이 담당자의 결정으로 종결이 됩니다. 상속세 세무조사는 일정 금액 이상의 재산을 상속받은 경우나 금융조회가 필요한 경우에 한해 세무조사가 이루어져서 결정된다고 보면 됩니다. 신고를 한다고 해서 반드시 세무조사를 받을 것이라는 걱정으로 신고를 안한다면 추후 그 부분에 대해서 세무조사를 받을 수 있습니다. '호미로 막을 것을 가래로 막는다'는 속담처럼 오히려 더 큰 문제가 불거질 수 있으니 낼 세금은 내고 정직하게 신고를 하겠다는 마음가짐이 중요하다는 말씀을 드리고 싶습니다.

알수록 돈이 되는 부동산 절세 전략

증여, 상속세 세무조사를 받으면
내 계좌를 국세청이 조회한다?

세금과 관련해 사회적 혼란을 일으키는 대표적인 유언비어 중 하나입니다. 아무리 고도화된 데이터 시스템으로 운영되는 국세청이지만, 국세청이 함부로 개인의 계좌를 실시간으로 조회할 수는 없습니다. 계좌조회는 아무 때나 마음대로 할 수 있는 것이 아닙니다. 정당한 사유가 있다고 판단했을 때, 까다로운 절차를 걸쳐 제한된 인원과 기간에 한해서만 계좌조회가 가능합니다. 또한 데이터를 조사 기간 이후까지 계속해서 보관을 하거나 다른 사람들과 공유하는 것도 금지되어 있습니다.

그렇다면 국세청은 어떨 때 계좌를 조회할까요? 일반적으로 세무조사를 하거나 이에 준하는 확인이 필요한 경우에 계좌를 조회합니다. 증여세, 상속세 세무조사가 여기에 해당합니다. 앞서 말씀드렸듯이, 증여세와 상속세는 신고로 끝나는 것이 아니라 담당자들이 일일이 검토하고 결정짓는 세목인 만큼 이 과정에서 증여세, 상속세 세무조사 대상자로 선정될 수 있습니다. 특히, 상속세 세무조사의 경우 가족 구성원의 10년 치 계좌 내역을 확인하다 보니 조사 과정에서 애를 먹었던 분들의 경험담이 '증여세, 상속세 세무조사를 받으면 국세청에서 내 계좌를 마음대로 조회하더라'라는 소문으로 부풀려지고 와전된 것이라고 생각합니다.

주택 상속받아서 2주택자가 되면
종합부동산세 대상자가 된다?

앞서 말씀드렸듯이 대한민국 노후 자산의 대부분은 부동산입니다. 즉 부모님이 돌아가시면서 주택을 상속하는 사례가 가장 흔합니다. 1주택자인 자녀라면, 상속주택으로 인해 갑자기 2주택자가 되는 것이지요. 이럴 경우 본의 아니게 2주택자가 되어 내지 않던 종합부동산세를 부담하는 것은 아닌지 걱정하는 분이 많습니다. 하지만 상속받았다고 해서 곧바로 종합부동산세 폭탄을 받지는 않습니다. 상속 후 5년간은 기존대로 1주택자가 유지되기 때문입니다. 하지만 5년이 지난 후에는 2주택자가 되어 종합부동산세를 내야 할 수도 있습니다. 그렇기에 행여라도 종합부동산세가 걱정된다면 5년 안에 주택을 정리하는 것이 좋습니다. 만약 상속받은 부분이 40% 이하이거나, 상속지분 상당액이 6억 원(비수도권 3억 원) 이하라면 기한에 제한 없이 주택 수에서 제외해 종합부동산세를 계산합니다.

증여세, 상속세는 이중과세,
아예 폐지하는 게 답이다?

부동산 세금 관련 유튜브 영상에 유독 많이 보이는 댓글이 있습니다. '증여세, 상속세는 이중과세다!'라는 내용의 댓글입니다. 내가

알수록 돈이 되는 부동산 절세 전략

피땀 흘려 벌고 세금도 다 뗀 돈을 내 자식에게 물려주는데 또 다른 명목의 세금을 가져가는 것이 부당하다는 것입니다. 하지만 정말 증여세, 상속세가 폐지되면 모든 사람에게 혜택이 돌아가게 될까요? 단언컨대 그렇지 않을 것입니다. 오히려 부의 집중을 부추겨 부익부 빈익빈 현상이 더욱 심화될 수 있습니다. 증여세, 상속세는 대게 부동산, 주식, 채권, 예금, 현금 등 재산을 자식에게 증여해주거나 상속해줄 때 부과되는 세금이기 때문입니다. 즉 가진 게 많은 자산가가 증여세, 상속세를 내는 경우가 많다는 뜻입니다.

하지만 증여세, 상속세가 폐지된다면 부유한 가족들은 축적된 자산을 쉽게 이전할 수 있게 될 것입니다. 이러한 경우 부의 집중이 더욱 가속화될 수 있을뿐더러 부동산 가격 같은 자산 가격의 상승도 유발됩니다. 세부담이 확 줄어든 부동산은 부를 대물림하는 데 좋은 수단이 될 것이니 말입니다. 정부는 부의 균형과 사회적 안정을 위해서라도 어느 한 계층으로 부가 과도하게 쏠리는 것을 막아야 할 책무가 있습니다. 증여세와 상속세는 부의 균형을 조절하고 부의 집중을 방지해 사회적 안정을 유지하는 데 중요한 역할을 합니다.

재산이 많을수록 내는 세금도 많습니다. 과세표준이 높으면 높을수록 세율도 커지기 때문입니다. 이렇게 거두어들인 세수는 국가의 재정 건전성과 사회 복지 서비스 등의 공공 서비스 제공을 유지하는 데 도움이 됩니다. 이처럼 우리가 피부로 느끼지 못하는 증여세, 상속세의 순기능이 있다는 것도 알아두면 좋겠습니다.

정보의 홍수 속에서
본인만의 확고한 기준을 가져야 할 때!

현재 우리는 정보의 홍수 속에서 살고 있습니다. 낮과 밤을 가리지 않고 신문, 방송, 인터넷, SNS, 모바일, 잡지 등 정보를 제공하는 수많은 매체가 다양한 정보를 쏟아내고 있습니다. 검색창에 원하는 검색어만 입력하면 원하는 정보를 모두 제공해주고 있다고 해도 과언이 아닙니다.

그러나 이렇게 손쉽게 접하는 정보가 모두 옳은 정보라고 할 수 없습니다. 옳은 정보라도 본인에게 맞지 않는 정보인 경우도 있고 나아가 가짜뉴스와 같은 잘못된 정보도 있습니다. 인터넷의 빠른 발전에는 우리에게 편리함을 제공해주는 장점이 있지만, 그 이면에는 거짓 정보의 노출이라는 단점도 동시에 있습니다.

예를 들어 어떤 방송에서 술과 담배를 즐기면서 운동도 전혀 하지 않는 100세 노인을 소개하면서 장수비결이 물어보니 "그저 하고 싶은 것을 하고, 먹고 싶은 것을 먹으며 마음 편하게 사는 게 내 장수비결입니다"라는 내용의 영상을 섭한나면 누군가는 '나도 지렇게 따라하면 장수할 수 있겠다'고 여과 없이 받아들일 수 있습니다. 문제는 저런 부정확한 정보가 전문적인 영역의 내용이라면 그대로 믿거나 오해를 불러일으킬 확률이 매우 커지게 됩니다. 흔히 'ㅇㅇㅇ 전문가'라는 사람이 나와서 이런저런 정보를 쏟아내는 걸 듣고 있으면 그 내용을 마치 사실인 것처럼 받아들이기 마련입니다.

저는 제 전문 분야인 세금 관련된 정보를 아무래도 많이 접하게 됩니다. 가끔 세금 관련된 영상을 보다 보면 '어? 저건 아닌데' 또는 '저렇게 이야기하면 오해를 일으킬 수 있겠다'라는 생각이 드는 경우가 있습니다. 저는 직업적으로 세금을 다루고 있기 때문에 잘못된 정보를 걸러낼 수 있었겠지만, 저 역시도 전혀 모르는 분야라면 그저 믿고 넘어갈 수 있겠다는 생각이 들었습니다.

이 책을 쓰게 된 가장 큰 이유 중 하나가 바로 이런 부분입니다. 특히나 재산에서 가장 많은 비중을 차지하고 있는 부동산에 관련된 세금을 대략적으로 알 수 있도록 도와주는 책을 쓴다면, 쏟아지는 정보에서도 본인만의 확고한 기준을 세우고 판단과 선택에 조금이라도 도움을 줄 수 있을 것이라고 생각했습니다. 공무원 생활을 접고 세무사로서 개업한 후 현재까지 수백 명의 고객들과 상담을 해본 결과, 상담하기 가장 어려웠던 유형의 고객들은 세금을 너무 모르는 분들이었습니다. 막연하게 "절세할 수 있는 방법을 알려주세요"라고 말하는 분들이 있습니다. 부동산 투자에 있어서 세금은 떼려야 뗄 수가 없기 때문에 올바른 판단과 바람직한 결과를 도출하기 위해서는 기본적인 세금 지식을 반드시 갖추어놓은 후에 전문가의 조언이 동반해야 한다고 이야기하고 싶습니다.

"더 잘 알게 되면, 더 잘하게 된다." 미국 시인이자 소설가인 마야 안젤루의 말이 의미심장하게 다가옵니다. 부동산 세금도 그렇습니다. 부동산 세금을 더 잘 알게 되면, 부동산 투자를 더 잘할 수 있게 됩니다. 특히나 수시로 바뀌는 부동산 세금은 복잡하고 어려운 것은 사실이지만, 그렇다고 마냥 불편하고 두려운 존재는 아닙니다. 간혹 세금을 적대적으로 보는 분들도 있는데, 세금은 막무가내로 내 재산을 빼앗는 도둑이 아닙니다.

부동산으로 돈을 벌고 싶다면, 부동산 투자로 부자가 되고 싶은 분들이라면 세금에 대한 관점을 바꾸기를 당부드리고 싶습니다. 최대한 세금을 가까이 두고, 친근하게 여겼으면 좋겠습니다. 성공적인 부동산 투자를 위해서는 부동산과 한 세트인 세금을 있는 그대로 인정해주는 관용적인 자세가 필요합니다. '나랑 상관없는 존재'로 여기며 세금에 대해 지나치게 무관심하거나, 눈엣가시처럼 거슬려하며 '어떻게 하면 한 푼이라도 안 뺏길 수 있나?'라는 생각에 빠지다 보면 자칫 더 큰 것을 잃을 수 있습니다.

그보다는 마음의 여유를 가지고 법의 테두리 안에서 지혜롭게 절세하는 방법에 대해 고민하시는 편이 경제적으로 또는 심적으로 이로울 것입니다. 세금에 대해 불편한 마음을 거두어내고 약간의 애정을 가지고 관심을 두다 보면 더 잘 알게 되고, 더 잘 알게 되면 더 잘할 수 있습니다. 세금에 대한 관점을 달리할 때, 비로소 끊임없이 변화하는 세금에 배신당하지 않으면서 제대로 된 세금 정보를 통해 이득을 볼 수 있을 것입니다.

이 책을 읽고 단 한 분이라도 부동산 세금에 대한 오해와 근거 없이 퍼져 있는 소문에 휘둘리지 않게 된다면, 그리고 부동산 투자에 대한 현명한 판단을 내리고 소중한 자산을 지키는 데 도움이 된다면 더 바랄 것이 없겠습니다.

부동산 세금 조견표

① 주택의 유상취득(매매·분양)

구분	지역	주택 수	금액	면적	취득세	농어촌특별세	지방교육세	합계
개인	조정 대상 지역	1주택 또는 일시적 2주택	6억 원 이하	85㎡ 이하	1%	비과세	0.1%	1.1%
				85㎡ 초과		0.2%	0.1%	1.3%
			6억 원 초과 ~9억 원 이하	85㎡ 이하	1.111~3.289%(*)			
				85㎡ 초과	1.311~3.489%(*)			
			9억 원 초과	85㎡ 이하	3%	비과세	0.3%	3.3%
				85㎡ 초과		0.2%	0.3%	3.5%
		2주택	금액무관	85㎡ 이하	8%	비과세	0.8%	8.8%
				85㎡ 초과		0.2%		9%
		3주택 이상	금액무관	85㎡ 이하	12%	비과세	1.2%	13.2%
				85㎡ 초과		0.2%		13.4%

알수록 돈이 되는 부동산 절세 전략

				85㎡ 이하	1%	비과세	0.1%	**1.1%**
개인	비조정 대상 지역	2주택 이하	6억 원 이하	85㎡ 초과		0.2%	0.1%	**1.3%**
			6억 원 초과 ~9억 원 이하	85㎡ 이하	**1.111~3.289%(*)**			
				85㎡ 초과	**1.311~3.489%(*)**			
			9억 원 초과	85㎡ 이하	3%	비과세	0.3%	**3.3%**
				85㎡ 초과		0.2%	0.3%	**3.5%**
		3주택	금액 무관	85㎡ 이하	8%	비과세	0.8%	**8.8%**
				85㎡ 초과		0.2%		**9%**
		4주택 이상	금액 무관	85㎡ 이하	12%	비과세	1.2%	**13.2%**
				85㎡ 초과		0.2%		**13.4%**
법인	무관	무관	무관	85㎡ 이하	12%	비과세	1.2%	**13.2%**
				85㎡ 초과		0.2%		**13.4%**

* 6억 원 초과 ~ 9억 원 미만 : [(취득가액 × 2/3) - 3] × (1/100)

② 주택 이외 부동산 유상취득(매매·분양)

구 분		취득세	농어촌 특별세	지방 교육세	합계
일반건물		4%	0.2%	0.4%	4.6%
토지	농지	3%	0.2%	0.2%	3.4%
	농지 외	4%	0.2%	0.4%	4.6%

③ 주택의 무상취득(상속·증여)

취득원인	구분		면적	취득세	농어촌 특별세	지방 교육세	합계
상속	무주택		85㎡ 이하	0.8%	비과세	0.16%	**0.96%**
	유주택			2.8%		0.16%	**2.96%**
	무주택		85㎡ 초과	0.8%	0.2%	0.16%	**1.16%**
	유주택			2.8%	0.2%	0.16%	**3.16%**
증여	비조정대상지역		85㎡ 이하	3.5%	비과세	0.3%	**3.8%**
			85㎡ 초과	3.5%	0.2%	0.3%	**4.0%**
	조정지역	공시가격 3억 원 이하	85㎡ 이하	3.5%	비과세	0.3%	**3.8%**
			85㎡ 초과	3.5%	0.2%	0.3%	**4.0%**
		공시가격 3억 원 이상	85㎡ 이하	12%	비과세	0.4%	**12.4%**
			85㎡ 초과	12%	1.0%	0.4%	**13.4%**

※ 증여자가 1세대 1주택자에 해당하는 경우 수증자의 주택 수 상관없이 3.5% 세율 적용

④ 주택 이외 부동산 무상취득(상속·증여)

취득원인	구 분		취득세	농어촌 특별세	지방 교육세	합계
상속	일반건물		2.8%	0.2%	0.16%	3.16%
	토지	농지	2.3%	0.2%	0.06%	2.56%
		농지 외	2.8%	0.2%	0.16%	3.16%
증여			3.5%	0.2%	0.3%	4%

알수록 돈이 되는 부동산 절세 전략

⑤ 상속세 및 증여세율

과세표준	세율	누진공제
1억 원 이하	10%	-
1억 원 초과 ~ 5억 원 이하	20%	1,000만 원
5억 원 초과 ~ 10억 원 이하	30%	6,000만 원
10억 원 초과 ~ 30억 원 이하	40%	1억 6,000만 원
30억 원 초과	50%	4억 6,000만 원

⑥ 양도소득세 기본세율

과세표준	세율	누진공제
1,400만 원 이하	6%	-
1,400만 원 초과 ~ 5,000만 원 이하	15%	126만 원
5,000만 원 초과 ~ 8,800만 원 이하	24%	576만 원
8,800만 원 초과 ~ 1억 5,000만 원 이하	35%	1,544만 원
1억 5,000만 원 초과 ~ 3억 원 이하	38%	1,994만 원
3억 원 초과 ~ 5억 원 이하	40%	2,594만 원
5억 원 초과 ~ 10억 원 이하	42%	3,594만 원
10억 원 원 초과	45%	6,594만 원

⑦ 부동산 및 부동산에 관한 권리 양도세율

보유기간 양도자산	2년 이상	2년 미만	1년 미만
주택·입주권	기본세율	60%	70%
분양권	60%	60%	70%

그 외 자산	기본세율	40%	50%

⑧ 장기보유특별공제율

보유 기간	토지·건물	2년 이상 거주 1세대 1주택	
		보유 기간	거주 기간
2년 이상	-	-	8% (3년 이상 보유 시 적용)
3년 이상	6%	12%	12%
4년 이상	8%	16%	16%
5년 이상	10%	20%	20%
6년 이상	12%	34%	34%
7년 이상	14%	28%	28%
8년 이상	16%	32%	32%
9년 이상	18%	36%	36%
10년 이상	20%	40%	40%
11년 이상	22%	40%	40%
12년 이상	24%	40%	40%
13년 이상	26%	40%	40%
14년 이상	28%	40%	40%
15년 이상	30%	40%	40%

금전대차계약서(양식)

차 용 일	년 월 일	
차용원금	금 원정	₩

1. 상기 금액을 채무자가 채권자로부터 억 원년 00월 00일 차용하였으며, 아래와 같이 이행할 것을 확약한다.

원금변제일	년 월 일		
이 자	연( )%	**이자지급일**	매월 일

　채무자는 약정기간동안 이자 연 %(₩)을 매월(₩)씩 지급하며 원금변제기일에 원금을 일시에 상환하는 것으로 약정한다.

2. 채무자는 원금과 이자를 매월 지정 일자에 채권자의 아래 예금계좌로 송금하여 변제한다.

은 행		계좌번호	

3. 원금 및 이자의 변제를 지체 할 경우 채무자는 일 ( )%의 이자율에 의한 지연 손실금을 가산하여 지불한다.

4. 다음의 경우 최고 없이 당연히 기한의 이익을 상실하고 잔존 채무금 전부 즉시 지급한다.
   - 원금과 이자의 지금을 ( ) 회 이상 연체했을 경우
   - 채무자가 타의 채권자로부터 가압류 강제집행을 받거나 파산 화해 신청을 받을 경우
   - 기타 이 약정 조항을 위반할 경우

5. 위 채권을 담보하거나 추심에 필요한 비용은 채무자가 부담한다.

6. 위 채권에 관한 소는 채권자의 주소지에서 한다.

년   월   일

채권자 성 명 :　　　　(인)
주 소 :
주민등록번호 :

채무자 성 명 :　　　　(인)
주 소 :
주민등록번호 :

차용금액별
최소 이자율

※ 아래 표는 차용증 작성시 적정이자율을 산정에 도움을 드리기 위해 차용금액에 따라 증여세가 발생되지 않는 '최소 이자율'을 계산한 것입니다. 가장 왼쪽의 차용금액을 보고 오른쪽 최소 이자율 '이상'으로 이자율을 설정하면 됩니다.

차용금액	법정 이자율	법정이자	1천만 원 초과액	최소 이자율	월이자금액
5,000만 원	4.6%	230만 원	-	-	-
1억 원	4.6%	460만 원	-	-	-
1억 5,000만 원	4.6%	690만 원	-	-	-
2억 원	4.6%	920만 원	-	-	-
2억 1,739만 1,304원	4.6%	1,000만 원	-	-	-
2억 2,500만 원	4.6%	1,035만 원	35만 원	0.16%	2만 9,167원
2억 5,000만 원	4.6%	1,150만 원	150만 원	0.6%	12만 5,000원
2억 7,500만 원	4.6%	1,265만 원	265만 원	0.96%	22만 833원
3억 원	4.6%	1,380만 원	380만 원	1.27%	316,667
3억 2,500만 원	4.6%	1,495만 원	495만 원	1.52%	41만 2,500원
3억 5,000 만 원	4.6%	1,610만 원	610만 원	1.74%	50만 8,333원
3억 7,500만 원	4.6%	1,725만 원	725만 원	1.93%	60만 4,167원
4억 원	4.6%	1,840만 원	840만 원	2.1%	70만 원
4억 2,500만 원	4.6%	1,955만 원	955만 원	2.25%	79만 5,833원
4억 5,000만 원	4.6%	2,070만 원	1,070만 원	2.38%	89만 1,667원
4억 7,500만 원	4.6%	2,185만 원	1,185만 원	2.49%	98만 7,500원

알수록 돈이 되는 부동산 절세 전략

5억 원	4.6%	2,300만 원	1,300만 원	**2.6%**	108만 3,333원
5억 5,000만 원	4.6%	2,530만 원	1,530만 원	**2.78%**	127만 5,000원
6억 원	4.6%	2,760만 원	1,760만 원	**2.93%**	146만 6,667원
6억 5,000만 원	4.6%	2,990만 원	1,990만 원	**3.06%**	165만 8,333원
7억 원	4.6%	3,220만 원	2,220만 원	**3.17%**	185만 원
7억 5,000만 원	4.6%	3,450만 원	2,450만 원	**3.27%**	204만 1,667원
8억 원	4.6%	3,680만 원	2,680만 원	**3.35%**	223만 3,333원
8억 5,000만 원	4.6%	3,910만 원	2,910만 원	**3.42%**	242만 5,000원
9억 원	4.6%	4,140만 원	3,140만 원	**3.49%**	261만 6,667원
9억 5,000만 원	4.6%	4,370만 원	3,370만 원	**3.55%**	280만 8,333원
10억 원	4.6%	4,600만 원	3,600만 원	**3.6%**	300만 원

증여금액 구간별 증여세 계산표

① 부모(증여인) → 성년자녀(수증인)

증여금액	증여재산공제	과세표준	세율	산출세액	세액공제	납부세액
5,000만 원	5,000만 원	-	-	-	-	-
6,000만 원	5,000만 원	1,000만 원	10%	100만 원	3만 원	**97만 원**
7,000만 원	5,000만 원	2,000만 원	10%	200만 원	6만 원	**194만 원**
8,000만 원	5,000만 원	3,000만 원	10%	300만 원	9만 원	**291만 원**
9,000만 원	5,000만 원	4,000만 원	10%	400만 원	12만 원	**388만 원**

1억 원	5,000만 원	5,000만 원	10%	500만 원	15만 원	**485만 원**
1억 5,000만 원	5,000만 원	1억 원	10%	1,000만 원	30만 원	**970만 원**
2억 원	5,000만 원	1억 5,000 원	20%	2,000만 원	60만 원	**1,940만 원**
2억 5,000만 원	5,000만 원	2억 원	20%	3,000만 원	90만 원	**2,910만 원**
3억 원	5,000만 원	2억 5,000만 원	20%	4,000만 원	120만 원	**3,880만 원**
4억 원	5,000만 원	3억 5,000만 원	20%	6,000만 원	180만 원	**5,820만 원**
5억 원	5,000만 원	4억 5,000만 원	20%	8,000만 원	240만 원	**7,760만 원**
6억 원	5,000만 원	5억 5,000만 원	30%	1억 500만 원	315만 원	**1억 185만 원**
7억 원	5,000만 원	6억 5,000만 원	30%	1억 3,500만 원	405만 원	**1억 3,095만 원**
8억 원	5,000만 원	7억 5,000만 원	30%	1억 6,500만 원	495만 원	**1억 6,005만 원**
9억 원	5,000만 원	8억 5,000만 원	30%	1억 9,500만 원	585만 원	**1억 8,915만 원**
10억 원	5,000만 원	9억 5,000만 원	30%	2억 2,500만 원	675만 원	**2억 1,825만 원**
30억 원	5,000만 원	29억 5,000만 원	40%	10억 2,000만 원	3,060만 원	**9억 8,940만 원**
50억 원	5,000만 원	49억 5,000만 원	50%	20억 1,500만 원	6,045만 원	**19억 5,455만 원**

알수록 돈이 되는 부동산 절세 전략

② 부모(증여인) → 미성년자녀(수증인)

증여금액	증여재산공제	과세표준	세율	산출세액	세액공제	납부세액
2,000만 원	2,000만 원	-	-	-	-	-
3,000만 원	2,000만 원	1,000만 원	10%	100만 원	3만 원	97만 원
4,000만 원	2,000만 원	2,000만 원	10%	200만 원	6만 원	194만 원
5,000만 원	2,000만 원	3,000만 원	10%	300만 원	9만 원	291만 원
6,000만 원	2,000만 원	4,000만 원	10%	400만 원	12만 원	388만 원
7,000만 원	2,000만 원	5,000만 원	10%	500만 원	15만 원	485만 원
8,000만 원	2,000만 원	6,000만 원	10%	600만 원	18만 원	582만 원
9,000만 원	2,000만 원	7,000만 원	10%	700만 원	21만 원	679만 원
1억 원	2,000만 원	8,000만 원	10%	800만 원	24만 원	776만 원
1억 5,000만 원	2,000만 원	1억 3,000만 원	20%	1,600만 원	48만 원	1,552만 원
2억 원	2,000만 원	1억 8,000만 원	20%	2,600만 원	78만 원	2,522만 원
2억 5,000만 원	2,000만 원	2억 3,000만 원	20%	3,600만 원	108만 원	3,492만 원
5억 원	2,000만 원	4억 8,000만 원	20%	8,600만 원	258만 원	8,342만 원
10억 원	2,000만 원	9억 8,000만 원	30%	2억 3,400만 원	702만 원	2억 2,698만 원
30억 원	2,000만 원	29억 8,000만 원	40%	10억 3,200만 원	3,096만 원	10억 104만 원
50억 원	2,000만 원	49억 8,000만 원	50%	20억 3,000만 원	6,090만 원	19억 6,910만 원

③ 시부모·장인장모(증여인) → 며느리·사위(수증인)

증여금액	증여재산공제	과세표준	세율	산출세액	세액공제	납부세액
1,000만 원	1,000만 원	-	-	-	-	-
2,000만 원	1,000만 원	1,000만 원	10%	100만 원	3만 원	97만 원
3,000만 원	1,000만 원	2,000만 원	10%	200만 원	6만 원	194만 원
4,000만 원	1,000만 원	3,000만 원	10%	300만 원	9만 원	291만 원
5,000만 원	1,000만 원	4,000만 원	10%	400만 원	12만 원	388만 원
6,000만 원	1,000만 원	5,000만 원	10%	500만 원	15만 원	485만 원
7,000만 원	1,000만 원	6,000만 원	10%	600만 원	18만 원	582만 원
8,000만 원	1,000만 원	7,000만 원	10%	700만 원	21만 원	679만 원
9,000만 원	1,000만 원	8,000만 원	10%	800만 원	24만 원	776만 원
1억 원	1,000만 원	9,000만 원	10%	900만 원	27만 원	873만 원
1억 5,000만 원	1,000만 원	1억 4,000만 원	20%	1,800만 원	54만 원	1.746만 원
2억 원	1,000만 원	1억 9,000만 원	20%	2,800만 원	84만 원	2.716만 원
3억 원	1,000만 원	2억 9,000만 원	20%	4,800만 원	144만 원	4.656만 원
5억 원	1,000만 원	4억 9,000만 원	20%	8,800만 원	264만 원	8.536만 원
10억 원	1,000만 원	9억 9,000만 원	30%	2억 3,700만 원	711만 원	2억 2,989만 원
30억 원	1,000만 원	29억 9,000만 원	40%	10억 3,600만 원	3,108만 원	10억 492만 원
50억 원	1,000만 원	49억 9,000만 원	50%	20억 3,500만 원	6,105만 원	19억 7,395만 원

④ 조부모(증여인) → 성년손자녀(수증인)

증여금액	증여재산공제	과세표준	세율	산출세액*	세액공제	납부세액
5,000만 원	5,000만 원	-	-	-	-	-
6,000만 원	5,000만 원	1,000만 원	10%	130만 원	3만 9,000원	126만 1,000원
7,000만 원	5,000만 원	2,000만 원	10%	260만 원	7만 8,000원	252만 2,000원
8,000만 원	5,000만 원	3,000만 원	10%	390만 원	11만 7,000원	378만 3,000원
9,000만 원	5,000만 원	4,000만 원	10%	520만 원	15만 6,000원	504만 4,000원
1억 원	5,000만 원	5,000만 원	10%	650만 원	19만 5,000원	630만 5,000원
1억 5,000만 원	5,000만 원	1억 원	10%	1,300만 원	39만 원	1,261만 원
2억 원	5,000만 원	1억 5,000만 원	20%	2,600만 원	78만 원	2,522만 원
2억 5,000만 원	5,000만 원	2억 원	20%	3,900만 원	117만 원	3,783만 원
3억 원	5,000만 원	2억 5,000만 원	20%	5,200만 원	156만 원	5,044만 원
4억 원	5,000만 원	3억 5,000만 원	20%	7,800만 원	234만 원	7,566만 원
5억 원	5,000만 원	4억 5,000만 원	20%	1억 400만 원	312만 원	1억 88만 원
6억 원	5,000만 원	5억 5,000만 원	30%	1억 3,650만 원	409만 5,000원	1억 3,240만 5,000원
7억 원	5,000만 원	6억 5,000만 원	30%	1억 7,550만 원	526만 5,000원	1억 7,023만 5,000원
8억 원	5,000만 원	7억 5,000만 원	30%	2억 1,450만 원	643만 5,000원	2억 806만 5,000원

9억 원	5,000만 원	8억 5,000만 원	30%	2억 5,350만 원	760만 5,000원	2억 4,589만 5,000원
10억 원	5,000만 원	9억 5,000만 원	30%	2억 9,250만 원	877만 5,000원	2억 8,372만 5,000원
30억 원	5,000만 원	29억 5,000만 원	40%	13억 2,600만 원	3,978만 원	12억 8,622만 원
50억 원	5,000만 원	49억 5,000만 원	50%	26억 1,950만 원	7,858만 5,000원	25억 4,091만 5,000원

* 세대생략가산액(30%)를 반영해 산출한 세액

[보유 기간(2년 이상)/ 양도차익 구간별 양도세 계산표]

※ 아래 표는 양도가격이 아닌 양도차익에 따른 양도소득세+지방소득세를 계산한 표 입니다.
비과세·감면 등이 적용되는 부동산이 아닌 일반세율이 적용되는 경우를 가정한 금 액입니다.

① 양도차익 1,000만 ~ 6,000만 원

양도차익 / 보유 기간	1,000만 원	2,000만 원	3,000만 원	4,000만 원	5,000만 원	6,000만 원
2~3년	49만 5,000원	150만 1,500원	315만 1,500원	480만 1,500원	645만 1,500원	884만 4,000원
3~4년	45만 5,400원	130만 3,500원	285만 4,500원	440만 5,500원	595만 6,500원	789만 3,600원

알수록 돈이 되는 부동산 절세 전략

4~ 5년	44만 2,200원	123만 7,500원	275만 5,500원	427만 3,500원	579만 1,500원	757만 6,800원
5~ 6년	42만 9,000원	117만 1,500원	265만 6,500원	414만 1,500원	562만 6,500원	726만 원
6~ 7년	41만 5,800원	110만 5,500원	255만 7,500원	400만 9,500원	546만 1,500원	694만 3,200원
7~ 8년	40만 2,600원	103만 9,500원	245만 8,500원	387만 7,500원	529만 6,500원	671만 5,500원
8~ 9년	38만 9,400원	97만 3,500원	235만 9,500원	374만 5,500원	513만 1,500원	651만 7,500원
9~10년	37만 6,200원	91만 7,400원	226만 500원	361만 3,500원	496만 6,500원	631만 9,500원
10~11년	36만 3,000원	89만 1,000원	216만 1,500원	348만 1,500원	480만 1,500원	612만 1,500원
11~12년	34만 9,800원	86만 4,600원	206만 2,500원	334만 9,500원	463만 6,500원	592만 3,500원
12~13년	33만 6,600원	83만 8,200원	196만 3,500원	321만 7,500원	447만 1,500원	572만 5,500원
13~14년	32만 3,400원	81만 1,800원	186만 4,500원	308만 5,500원	430만 6,500원	552만 7,500원
14~15년	31만 200원	78만 5,400원	176만 5,500원	295만 3,500원	414만 1,500원	532만 9,500원
15년 이상	29만 7,000원	75만 9,000원	166만 6,500원	282만 1,500원	397만 6,500원	513만 1,500원

② 양도차익 7,500만 ~ 2억 원

양도차익 / 보유 기간	7,500만 원	1억 원	1억 2,500만 원	1억 5,000 만 원	1억 7,500만 원	2억 원
2~ 3년	1,280만 4,000원	2,055만 3,500원	3,017만 8,500원	3,980만 3,500원	5,017만 1,000원	6,062만 1,000원

3~ 4년	1161만 6,000원	1,824만 3,500원	2,729만 1,000원	3,633만 8,500원	4,578만 2,000원	5,560만 5,000원
4~ 5년	1122만 원	1,747만 3,500원	2,632만 8,500원	3,518만 3,500원	4,431만 9,000원	5,393만 3,000원
5~ 6년	1,082만 4,000원	1,676만 4,000원	2,536만 6,000원	3,402만 8,500원	4,285만 6,000원	5,226만 1,000원
6~ 7년	1,042만 8,000원	1,623만 6,000원	2,440만 3,500원	3,287만 3,500원	4,139만 3,000원	5,058만 9,000원
7~ 8년	1,003만 2,000원	1,570만 8,000원	2,344만 1,000원	3,171만 8,500원	3,999만 6,000원	4,891만 7,000원
8~ 9년	963만 6,000원	1,518만 원	2,247만 8,500원	3,056만 3,500원	3,864만 8,500원	4,724만 5,000원
9~10년	924만 원	1,465만 2,000원	2,151만 6,000원	2,940만 8,500원	3,730만 1,000원	4,557만 3,000원
10~11년	884만 4,000원	1,412만 4,000원	2,055만 3,500원	2,825만 3,500원	3,595만 3,500원	4,390만 1,000원
11~12년	844만 8,000원	1,359만 6,000원	1,959만 1,000원	2,709만 8,500원	3,460만 6,000원	4,222만 9,000원
12~13년	805만 2,000원	1,306만 8,000원	1,862만 8,500원	2,594만 3,500원	3,325만 8,500원	4,057만 3,500원
13~14년	765만 6,000원	1,254만 원	1,766만 6,000원	2,478만 8,500원	3,191만 1,000원	3,903만 3,500원
14~15년	726만 원	1,201만 2,000원	1,676만 4,000원	2,363만 3,500원	3,056만 3,500원	3,749만 3,500원
15년 이상	686만 4,000원	1,148만 4,000원	1,610만 4,000원	2,247만 8,500원	2,921만 6,000원	3,595만 3,500원

③ 양도차익 3억 ~ 8억 원

양도차익 보유 기간	3억 원	4억 원	5억 원	6억 원	7억 원	8억 원
2~ 3년	1억 242만 1,000원	1억 4,636만 6,000원	1억 9,036만 6,000원	2억 3,651만 1,000원	2억 8,271만 1,000원	3억 2,891만 1,000원
3~ 4년	9,489만 7,000원	1억 3,580만 6,000원	1억 7,716만 6,000원	2억 1,987만 9,000원	2억 6,330만 7,000원	3억 673만 5,000원
4~ 5년	9,238만 9,000원	1억 3,228만 6,000원	1억 7,276만 6,000원	2억 1,433만 5,000원	2억 5,683만 9,000원	2억 9,934만 3,000원
5~ 6년	8,988만 1,000원	1억 2,876만 6,000원	1억 6,836만 6,000원	2억 879만 1,000원	2억 5,037만 1,000원	2억 9,195만 1,000원
6~ 7년	8,737만 3,000원	1억 2,524만 6,000원	1억 6,396만 6,000원	2억 324만 7,000원	2억 4,390만 3,000원	2억 8,455만 9,000원
7~ 8년	8,486만 5,000원	1억 2,172만 6,000원	1억 5,956만 6,000원	1억 9,770만 3,000원	2억 3,743만 5,000원	2억 7,716만 7,000원
8~ 9년	8,235만 7,000원	1억 1,820만 6,000원	1억 5,516만 6,000원	1억 9,215만 9,000원	2억 3,096만 7,000원	2억 6,977만 5,000원
9~10년	7,984만 9,000원	1억 1,468만 6,000원	1억 5,076만 6,000원	1억 8,684만 6,000원	2억 2,449만 9,000원	2억 6,238만 3,000원
10~11년	7,734만 1,000원	1억 1,116만 6,000원	1억 4,636만 6,000원	1억 8,156만 6,000원	2억 1,803만 1,000원	2억 5,499만 1,000원
11~12년	7,483만 3,000원	1억 764만 6,000원	1억 4,196만 6,000원	1억 7,628만 6,000원	2억 1,156만 3,000원	2억 4,759만 9,000원
12~13년	7,232만 5,000원	1억 412만 6,000원	1억 3,756만 6,000원	1억 7,100만 6,000원	2억 509만 5,000원	2억 4,020만 7,000원
13~14년	6,981만 7,000원	1억 74만 9,000원	1억 3,316만 6,000원	1억 6,572만 6,000원	1억 9,862만 7,000원	2억 3,281만 5,000원
14~15년	6,730만 9,000원	9,740만 5,000원	1억 2,876만 6,000원	1억 6,044만 6,000원	1억 9,215만 9,000원	2억 2,542만 3,000원
15년 이상	6,480만 1,000원	9,406만 1,000원	1억 2,436만 6,000원	1억 5,516만 6,000원	1억 8,596만 6,000원	2억 1,803만 1,000원

④ 양도차익 9억 ~ 50억 원

양도차익 / 보유 기간	9억 원	1억 원	2억 원	3억 원	4억 원	5억 원
2~ 3년	3억 7,511만 1,000원	4억 2,131만 1,000원	9억 1,622만 8,500원	14억 1,122만 8,500원	19억 622만 8,500원	24억 122만 8,500원
3~ 4년	3억 5,016만 3,000원	3억 9,359만 1,000원	8억 5,682만 8,500원	13억 2,212만 8,500원	17억 8,742만 8,500원	22억 5,272만 8,500원
4~ 5년	3억 4,184만 7,000원	3억 8,435만 1,000원	8억 3,702만 8,500원	12억 9,242만 8,500원	17억 4,782만 8,500원	22억 322만 8,500원
5~ 6년	3억 3,353만 1,000원	3억 7,511만 1,000원	8억 1,722만 8,500원	12억 6,272만 8,500원	17억 822만 8,500원	21억 5,372만 8,500원
6~ 7년	3억 2,521만 5,000원	3억 6,587만 1,000원	7억 9,742만 8,500원	12억 3,302만 8,500원	16억 6,862만 8,500원	21억 422만 8,500원
7~ 8년	3억 1,689만 9,000원	3억 5,663만 1,000원	7억 7,762만 8,500원	12억 332만 8,500원	16억 2,902만 8,500원	20억 5,472만 8,500원
8~ 9년	3억 858만 3,000원	3억 4,739만 1,000원	7억 5,782만 8,500원	11억 7,362만 8,500원	15억 8,942만 8,500원	20억 522만 8,500원
9~10년	3억 26만 7,000원	3억 3,815만 1,000원	7억 3,802만 8,500원	11억 4,392만 8,500원	15억 4,982만 8,500원	19억 5,572만 8,500원
10~11년	2억 9,195만 1,000원	3억 2,891만 1,000원	7억 1,822만 8,500원	11억 1,422만 8,500원	15억 1,022만 8,500원	19억 622만 8,500원
11~12년	2억 8,363만 5,000원	3억 1,967만 1,000원	6억 9,842만 8,500원	10억 8,452만 8,500원	14억 7,062만 8,500원	18억 5,672만 8,500원
12~13년	2억 7,531만 9,000원	3억 1,043만 1,000원	6억 7,862만 8,500원	10억 5,482만 8,500원	14억 3,102만 8,500원	18억 722만 8,500원
13~14년	2억 6,700만 3,000원	3억 119만 1,000원	6억 5,882만 8,500원	10억 2,512만 8,500원	13억 9,142만 8,500원	17억 5,772만 8,500원
14~15년	2억 5,868만 7,000원	2억 9,195만 1,000원	6억 3,902만 8,500원	9억 9,542만 8,500원	13억 5,182만 8,500원	17억 822만 8,500원
15년 이상	2억 5,037만 1,000원	2억 8,271만 1,000원	6억 1,922만 8,500원	9억 6,572만 8,500원	13억 1,222만 8,500원	16억 5,872만 8,500원

공동주택 유사매매사례가액 조회방법(홈택스)

① 검색창에 '홈택스' 검색후 국세청 홈택스 사이트에 접속

② 로그인(아이디 / 금융·공동인증서 / 간편인증)

③ 세금신고 > 증여세신고 > 신고도움자료조회 > 상속·증여재산 평가하기

④ 상속·증여재산 평가정보 조회 > 상속·증여재산 평가하기

알수록 돈이 되는 부동산 절세 전략

⑤ 공동주택 > 세목·날짜·주소지 입력 > 다음

⑥ (유사)재산의 매매등 가액 > '예' 선택 > 유사매매사례가액 찾기

⑦ 유사매매사례가액 주의사항 필독 후 확인

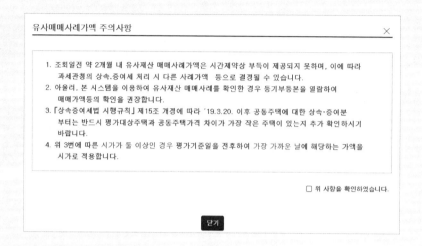

⑧ 건물명 조회 > 아파트명 > 상세주소(동호수) 검색

⑨ 유사매매사례가액 확인

(유사)매매 공동주택

상속개시일자 : 2023.11.05

주소	경기도

기준시가 (단위:원,㎡)

고시일자	기준시가	총면적	전용면적	공유면적
2023-04-28	249,000,000	75.383	59.940	15.443

(유사)매매 시가(평가기간 내 유사 물건) (단위:원,㎡)

순번	(유사)재산	매매계약일	매매가액	고시일자	기준시가	총면적	전용면적	지분양도여부
1-1	13층	2023-09-05	375,000,000	2023-04-28	249,000,000	75.383	59.940	
2-1	18층	2023-07-27	337,000,000	2023-04-28	249,000,000	75.383	59.940	

(유사)매매 시가(평가기간 외 유사 물건) (단위:원,㎡)

순번	(유사)재산	매매계약일	매매가액	고시일자	기준시가	총면적	전용면적	지분양도여부
1-1	19층	2023-01-19	329,000,000	2023-04-28	249,000,000	75.383	59.940	
3-1	13층	2022-09-16	455,000,000	2023-04-28	249,000,000	75.383	59.940	
4-1	13층	2022-03-31	477,000,000	2023-04-28	249,000,000	75.383	59.940	
5-1	7층	2022-05-16	498,000,000	2023-04-28	238,000,000	75.383	59.940	
6-1	9층	2022-04-09	482,000,000	2023-04-28	238,000,000	75.383	59.940	

알수록 돈이 되는 부동산 절세 전략

초판 1쇄 발행 2024년 3월 20일
초판 2쇄 발행 2024년 4월 24일

지은이 박명균
브랜드 경이로움
출판 총괄 안대현
책임편집 이제호
편집 김효주, 정은솔
마케팅 김윤성
표지디자인 유어텍스트
본문디자인 윤지은

발행인 김의현
발행처 (주)사이다경제
출판등록 제2021-000224호(2021년 7월 8일)
주소 서울특별시 강남구 테헤란로33길 13-3, 7층(역삼동)
홈페이지 cidermics.com
이메일 gyeongiloumbooks@gmail.com(출간 문의)
전화 02-2088-1804 **팩스** 02-2088-5813
종이 다올페이퍼 **인쇄** 재영피앤비
ISBN 979-11-92445-65-6 (13320)